COMPTABILITÉ PRATIQUE

ERRATA.

Page 5, ligne 15 et note 1, *au lieu de :* par 3,600, *lisez :* 36,000.

Page 19, à 120 les %, *ajoutez :* k.

Page 28, art. 46, à la date, *au lieu de :* 14 id., *lisez :* 13 id.

Page 47, ligne 7, *au lieu de :* et les exemplaires cités, *lisez :* et les exemples cités.

Pages 56 et 57, 13e modèle. — La dernière colonne, à droite, dans chaque page, a la forme de la colonne des intérêts partiels ; mais comme il s'agit ici de *nombres*, la petite colonne des décimales y est inutile, attendu qu'on ne tient jamais compte des décimales des nombres dans la méthode des diviseurs. — On a omis d'imprimer le deuxième tableau dont il est parlé, page 66. L'élève suppléera cette omission par un tableau semblable au premier modèle, dans lequel il remplacera les nombres de ce modèle par les intérêts partiels qu'ils représentent.

Page 72, ligne 11, *au lieu de :* la tenue de livres en partie, etc., *lisez :* la tenue des livres, etc.

Page 73, ligne 15, *au lieu de :* ces comptes sont sensés ouverts, *lisez :* ces comptes sont censés ouverts.

LA
COMPTABILITÉ
PRATIQUE

PAR
J.-Em. PERRIN

Officier d'Académie, Professeur d'Économie, de Législation usuelle et de Comptabilité
au Lycée Impérial de Limoges,
Membre de plusieurs Commissions d'Enseignement Primaire.

OUVRAGE DESTINÉ AUX ÉCOLES PRIMAIRES
ET AUX ÉLÈVES DE DEUXIÈME ET DE TROISIÈME ANNÉE DE
L'ENSEIGNEMENT SECONDAIRE SPÉCIAL.

PARTIE DE L'ÉLÈVE

PARIS

LIBRAIRIE CH. FOURAUT & FILS,
ÉDITEURS,
Acquéreurs de la Librairie internationale
de Ch. HINGRAY,
Rue Saint-André-des-Arts, 47.

MOULINS

CHEZ FUDEZ FRÈRES,
ÉDITEURS,
5, Rue du Vert-Galant, 5,
(Fausses-Braies).

DÉPOT A LIMOGES

A LA LIBRAIRIE DE P. DURAND, LIBRAIRE DU LYCÉE IMPÉRIAL,
6, Rue de la Courtine, 6.

1869

A Monsieur l'INSPECTEUR de l'ACADÉMIE de POITIERS,
en résidence a Limoges.

MONSIEUR L'INSPECTEUR,

Depuis que l'enseignement de la comptabilité a trouvé place dans les programmes de l'Université, il a été écrit ou révisé beaucoup de bons livres sur cette branche de nos études classiques. Toutefois, il faut bien le reconnaître, ces livres ne répondent pas encore complètement aux besoins scolastiques : les uns, en effet, presque exclusivement théoriques, et ce sont généralement les mieux faits, se bornent à exposer la science du comptable, sans indiquer les lois qui en règlent l'économie ; d'autres établissent des comptabilités raisonnées, et semblent plutôt destinés à servir de guides aux teneurs de livres, qu'à être mis entre les mains d'élèves qui les lisent ou les copient sans retirer de fruit réel de leur travail.

Un enseignement méthodique, un bon enseignement, ne doit pas suivre ces errements : il faut que la théorie, — livre ou résumé des leçons du professeur, — y soit accompagnée d'exercices élémentaires bien préparés, et que les élèves s'habituent, sans le secours de traduction, à disposer ces exercices en articles sur les différents livres de comptabilité qui font l'objet de leur programme ; de manière qu'en fin d'année, à l'époque des compositions triples, par exemple, ils

1

puissent rendre exactement compte des opérations fictives qu'on leur a confiées.

Cette méthode n'est, d'ailleurs, pas nouvelle : elle est déjà suivie dans bon nombre d'établissements, et notamment au lycée de Limoges ; or, vous savez mieux que personne, Monsieur l'Inspecteur, avec quelle sagesse les Administrateurs de ce grand établissement en ont toujours dirigé les études !

Aussi, désireux de profiter de l'expérience acquise, ai-je résolu de suivre la même méthode, au cours dont je suis chargé, dans l'enseignement secondaire des filles, qui compte déjà un nombre relativement important d'élèves ; et, dans ce but, je viens, Monsieur l'Inspecteur, vous demander l'autorisation de faire imprimer la PARTIE de l'ELÈVE, de la comptabilité suivie au Lycée, et d'en remettre un exemplaire à chaque élève, afin de gagner, au profit de la leçon, le temps qu'il me faudrait employer à dicter des problèmes.

Cette comptabilité, composée de quatre-vingts articles à la main courante, présente un tableau synoptique des principales opérations du commerce : achat, vente, échange proprement dit, paiement, encaissement, règlement, escompte et négociation d'effets de commerce, virement, subdivision des comptes de Marchandises et de Profits et Pertes, opérations pour compte, en commission, en participation, règlement d'une comptabilité de comptes à 1/5, ouverture de crédit, arrêté de compte courant, un inventaire.

Je fais suivre ce recueil de l'indication des différents genres d'articles qui peuvent figurer au journal, et j'en donne des exemples, que je reporte au grand livre.

Ces courtes indications me paraissent suffire, pour mettre

les élèves à même de rédiger avec intelligence les devoirs de classe qui leur seront donnés sur ce sujet.

Daignez agréer, etc......

EM. PERRIN.

Limoges, le 1er février 1869.

J'extrais le passage suivant de la lettre que M. l'Inspecteur m'a fait l'honneur de m'écrire, le 5 du même mois :

« J'estime avec vous qu'il sera utile de mettre dans les « mains des élèves un recueil imprimé, contenant, outre des « applications ou exercices, le tableau synoptique des princi- « pales opérations du commerce.

« Recevez, etc.

« *L'Inspecteur d'Académie*,

« *Signé :* AULARD. »

Encouragé par une opinion si autorisée, et, aussi, par l'avis de plusieurs professeurs de comptabilité, nous n'hésitons pas à faire imprimer ce petit recueil, dont nous laisserons, chez le libraire du Lycée, quelques centaines d'exemplaires à la disposition de ceux de nos collègues qui voudront suivre la même méthode que nous.

Nous faisons précéder la main courante de quelques notions de calcul sur les règles de Percentage et d'Intérêt simple. Ces notions nous paraissent utiles, et nous ne saurions trop engager les élèves à les appliquer à de nombreux exercices, dans lesquels ils feraient bien d'examiner, sous forme de vérification, chaque problème sur toutes ses faces.

Qu'ils se pénètrent bien de la pensée que quiconque ne calcule pas avec facilité, ne saisit pas, comme au vol, les problèmes les plus difficiles, n'est pas apte à faire un comptable.

Si nos collègues trouvent, par ce spécimen, notre méthode utile, nous nous déciderons à publier la partie élémentaire de nos cours de Législation usuelle et de Comptabilité.

Nous recevrons donc avec reconnaissance les conseils et avis que les membres du corps enseignant voudront bien nous donner sur le fond et sur la forme de cette méthode.

Nous croyons qu'il conviendrait de mettre aussi ce recueil entre les mains des élèves de nos bonnes écoles primaires, qui n'ont ni le temps d'étudier de gros volumes, ni, souvent, le moyen de les acheter. Ce serait combler une lacune bien regrettable dans l'enseignement de ces petits colléges agricoles et industriels, qui ne tarderont pas, au surplus, à avoir la comptabilité au nombre des matières obligatoires de leur enseignement : la haute sollicitude qui préside aux intérêts de l'instruction publique, nous en est une garantie.

Qu'on n'objecte point que notre opuscule n'est pas un cours de comptabilité purement agricole : les comptabilités spéciales ne diffèrent entre elles que par la forme des livres auxiliaires spéciaux, et nécessitent, toutes, la connaissance de la comptabilité générale. D'ailleurs, les formules des principaux livres auxiliaires, que nous y insérons, en vue d'éviter une perte de temps à les dessiner au tableau noir, en font un petit livre pratique complet, pour les élèves à qui quelques notions théoriques données en classe doivent suffire ; et tout Instituteur pourra, à l'aide de la Partie du Maître, parfaitement enseigner la comptabilité, sans l'avoir étudiée lui-même d'une manière spéciale.

Em. PERRIN.

Limoges, le 25 mars 1869.

NOTIONS ESSENTIELLES DE CALCUL

RÈGLE DE PERCENTAGE

OU DE TANT POUR CENT

On calcule, par cette règle, l'escompte du commerce, la commission, le ducroire, le courtage, le change et le rechange, les tares, les bénéfices et les pertes, les primes ou remises de tous les genres, et tous les droits à payer ou à percevoir.

PREMIER CAS. — *Manière de trouver le montant d'une remise, d'un droit, d'un bénéfice ou d'une perte, la somme sur laquelle on opère, et le taux, c'est-à-dire le tant pour cent, étant donnés.*

Dans ce cas, on multiplie la somme donnée par le taux, et l'on divise le résultat par cent, ce qui se fait en avançant la virgule de deux rangs sur la gauche. Si le taux est à tant pour mille, on multiplie de la même manière, et l'on avance la virgule de trois rangs sur la gauche du résultat.

Ainsi, dans l'art. 4 du Brouillard (4 novembre), on trouve que

$$\text{L'escompte} = \frac{4558,6 \times 4,5}{100} = \frac{20.513,70}{100} = 205,137^{\,m},$$

ou, en monnaie courante, 205 fr. 15 c., qui, retranchés de 4,558 fr. 60 c., donnent pour net de la facture 4,353 fr. 45 c.

On trouve de même dans l'art. 10, consacré au sucre d'Haubert, de Nantes, que

1º La tare 6 p. %, sur 3,120 k. est de 187 k. 20 d. ;

2º Le prix de 3,932 k. 80 d., à f. 120 les 100 k., est de 3,519 f. 35 c.

3º Le courtage à 1/4 p. %, sur f. 3519,35, est de 8f.80 c. ;

4º La commis.ᵒⁿ à 2 1/2 p. %, » f. 3519,35   — 88,00 ;

5º L'escompte à 4 1/2 — » f. 3519,35   —158,35.

On trouverait encore que la prime d'assurance sur 12,800 fr., à 1,25 c. p. $^{00}/_{00}$, est de $\frac{12.800 \times 1,25}{1000} = \frac{16000}{1000} = 16$ fr.

DEUXIÈME CAS. — *Manière de trouver le taux du bénéfice ou de la perte, le montant de ce bénéfice ou de cette perte, et celui de la somme sur laquelle on a opéré, étant connus.*

Dans ce cas, on multiplie le bénéfice ou la perte par cent, et l'on en divise le résultat par la somme sur laquelle cette perte ou ce bénéfice a été fait.

Ainsi, on trouve qu'en revendant 1453 fr. 50 une marchandise qui a coûté 1275 fr., on gagne :

1453 f. 50 — 1275 = 178 f. 50 $\times$ 100 = 17850 : 1275 = 14 p. $^{0}/_{0}$.

De même, on trouve qu'en perdant 109 fr. 20 sur 1560 fr., on perd

$$109,20 \times 100 = 10920 : 1560 = 7 \text{ p. } ^{0}/_{0}.$$

TROISIÈME CAS. — *Manière de trouver le prix d'achat, quand on connaît le prix de vente et le taux du bénéfice ou de la perte.*

Dans ce cas, on multiplie le prix de vente par cent, et l'on en divise le résultat, savoir :

1º Par le nombre cent augmenté du taux du bénéfice, s'il y a bénéfice ;

2º Ou par le nombre cent diminué du taux de la perte, s'il y a perte.

Prenons les exemples ci-dessus (2e cas), et supposons qu'on pose ainsi la question :

1º Combien coûtait une marchandise qui, vendue 1453 fr. 50 c., produit un bénéfice de 14 p. $^{0}/_{0}$?

RÉPONSE. — $\frac{1453,50 \times 100}{100 + 14} = \frac{145350}{114} = 1275$ fr.

2º Combien coûtait une marchandise sur laquelle on perd 7 p. $^{0}/_{0}$, en la revendant 1450 fr. 80 c. ?

RÉPONSE. — Elle coûtait $\frac{1450,80 \times 100}{100 - 7} = \frac{145080}{93} = 1560$ fr.

ESCOMPTE DE LA BANQUE.

L'escompte de la banque se compose du change de place ou de la commission, ou des taux réunis de ces deux primes, s'il y a lieu, et de l'intérêt du montant de l'effet négocié.

Le change et la commission s'obtiennent, comme nous l'avons dit plus haut (1er cas), en multipliant la valeur nominale de l'effet par le taux, et en divisant le produit par cent.

De l'Intérêt.

Il y a deux sortes d'Intérêts : l'intérêt en dehors, ou commercial, et l'intérêt en dedans, ou rationnel.

Dans une règle d'intérêt, il y a toujours quatre termes, que l'on représente par quatre lettres, pour en faciliter la solution, savoir :

A, représentant le capital, ou somme prêtée ;

I, représentant le taux, c'est-à-dire l'intérêt de cent francs pendant un an ;

T, représentant le temps pendant lequel la somme est prêtée ;

J, représentant l'intérêt dû.

Intérêt en dehors.

Toutes les questions relatives à l'intérêt en dehors se résolvent à l'aide de la formule $J = \frac{ait}{100}$, c'est-à-dire $J = a \times i \times t : 100$; de sorte que $a \times i \times t = J \times 100$, et que $a = \frac{J \times 100}{i \cdot t}$; $i = \frac{J \times 100}{a \cdot t}$; $t = \frac{J \times 100}{a \cdot i}$.

D'où il résulte que

1o Pour trouver l'intérêt en dehors, il faut multiplier le capital par le taux et par le temps, et diviser le résultat

Par 100, si le prêt est fait pour.......... { une ou (1) plusieurs années ;

Par 100 et par 12, c'est-à-dire par 1200, s'il est fait pour...................... { un ou plusieurs mois ;

Par 100 et par 360 (nombre de jours de l'année commerciale), c'est-à-dire par 36.000, si le prêt est fait pour.................... { un ou plusieurs jours.

(1) On ne multiplie point par 1, parce que 1 ne multiplie ni ne divise aucun nombre.

Ainsi, l'intérêt de 1040 f. à 4 1/2 p. %, par exemple,

Pour 5 ans, est de $\frac{1040 \times 4,50 \times 5}{100}$ ⟹ 234 francs.

Pour 5 mois, est de $\frac{1040 \times 4,50 \times 5}{1200}$ ⟹ 19 fr. 50 c.

Pour 5 jours, est de $\frac{1040 \times 4,50 \times 5}{36.000}$ ⟹ 0 fr. 65 c.

2° Pour trouver l'un des trois autres termes d'une règle d'intérêt, lorsqu'on connaît l'intérêt, il faut multiplier cet intérêt par 100, par 1200 ou par 36.000, selon qu'il s'agit d'années, de mois ou de jours, et diviser le produit par le produit des deux autres termes connus, multipliés l'un par l'autre.

Ainsi le capital qui, placé à 4 1/2 p. %, produit 234 fr. d'intérêt, en 5 ans, est de $\frac{234 \times 100}{4,50 \times 5}$ ⟹ $\frac{23400}{22,50}$ ⟹ 1040 fr.

De même, le taux auquel 1040 fr. sont placés pour produire 0 f. 65 c. d'intérêt,

En 5 jours, est de $\frac{0,65 \times 36000}{1040 \times 5}$ ⟹ $\frac{23400}{5200}$ ⟹ 4 fr. 50 p. %

N. B. — Dans les escomptes, on abrége les calculs en supprimant les multiplications par le taux, lorsqu'il est le même pour toutes les sommes du Bordereau d'escompte. On additionne les nombres, ou produits des sommes multipliées par le temps, et l'on en divise le total par le diviseur du taux, c'est-à-dire par le quotient de 36000 divisés par le taux; et si le taux n'a pas de diviseur, comme les taux compris entre 5 et 6, par exemple, on divise par le diviseur du taux le plus rapproché; on prend, pour l'y ajouter ou l'en retrancher ensuite, une fraction du résultat correspondant à l'écart des taux. Ainsi, on trouve l'intérêt des sommes portées au Bordereau de Réal, du 7 novembre (art. 9 du Brouillard), en divisant le total des nombres, 326.610, par 6000, diviseur du taux 6 p. %, soit 54 f. 40. (1) Si le taux de l'intérêt était de 5 1/2 p. %, par exemple, au lieu de 6 p. %, c'est-à-dire d'un douzième de moins, on prendrait le douzième de 54 fr. 40 c, et on le retrancherait de 54 fr. 40 c, intérêt, à 6 p. %, des sommes portées au Bordereau, ce qui donnerait : 54 f. 40 c. : 12 ⟹ 4 f. 53; or, 54,40 — 4,53 ⟹ 49 f. 87 ou 49 f. 85 c. d'intérêt à 5 1/2 p. %.

---

(1) Voyez la formule du bordereau d'escompte, page 7.

De l'Intérêt en dedans, ou rationnel.

La règle d'intérêt en dedans est une règle de percentage du troisième cas, dans laquelle le capital nominal, que l'on représente par A, se compose du capital effectif et de l'intérêt de ce capital.

En représentant le capital effectif ou net par n, on a donc $A = n + J$. Cela compris, il est facile de déduire de ce qui précède que

Les questions relatives à l'intérêt en dedans se résolvent à l'aide des formules

$$J = \frac{a \cdot i \cdot t}{100 + (i.t)}; \quad n = \frac{a \times 100}{100 + i.t}; \quad i = \frac{J \times 100}{n.t.}; \quad t = \frac{J \times 100}{n.i}$$

Comme $A = n + J$, on a

$$A = \frac{J \times 100}{i.t} + J, \quad \text{ou} \quad A = \frac{n.i.t}{100} + n.$$

D'où il résulte que

1° Pour trouver l'Intérêt en dedans, il faut multiplier le capital nominal par le taux et par le temps, et en diviser le résultat par 100, par 1200 ou par 3600 [2] augmentés du produit du taux multiplié par le temps. Ainsi l'intérêt en dedans de 6175 fr. prêtés à 5 p. % par an, pendant 7 mois, est de $\frac{6175 \times 5 \times 7}{1200 + 5 \times 7} = \frac{216.125}{1235} = 175$ f.

2° Pour trouver le capital effectif, il faut multiplier le capital nominal par 100, par 1200 ou par 36000 [2], et diviser comme précédemment. Ainsi le net d'un effet de 2430 fr. payable dans 75 jours, qu'on négocie à 6 p. % d'intérêt pris en dedans, est de

$$\frac{2430 \times 36000}{36.000 + 6 \times 75} = \frac{87480.000}{36.450} = 2400$$

L'intérêt est conséquemment de 30 francs.

3° Pour trouver le taux, on multiplie l'intérêt par 100, 1200 ou 36000, et l'on divise par le produit du capital net multiplié par le temps. Ainsi, en prenant l'exemple précédent, on trouve que le taux $= \frac{30 \times 36000}{2400 \times 75} = \frac{1080000}{180000} = 6$ p. %.

4° Pour trouver le temps, on divise le même produit (celui de

---

(1) On remplace 100 par 1200, s'il s'agit de mois, et par 3600, s'il s'agit de jours.

(2) Par 100, quand il s'agit de l'intérêt simple pour une ou plusieurs années; par 1200, s'il s'agit de mois, et par 36000, s'il s'agit de jours.

l'intérêt multiplié 100, 1200 ou 36000), par le produit du capital net multiplié par le taux. Ainsi, on trouve que le temps pendant lequel il faut prêter 2400 à 6 p. %, pour en retirer 30 fr. d'intérêt, est de

$$\frac{30 \times 36000}{2400 \times 6} = \frac{1080000}{14400} = 75 \text{ jours.}$$

Enfin pour trouver le montant d'un effet escompté en dedans, quand on connaît l'intérêt ou le net de l'effet, et le taux et le temps, on multiplie l'intérêt, si c'est l'intérêt qui est connu, par 100, 1200 ou 36000; on en divise le produit par le produit du taux par le temps, et l'on ajoute l'intérêt au résultat.

Ainsi, le montant d'un effet à 75 jours qui, escompté en dedans, à 6 p. %, donne 15 fr. d'intérêt, est de

$$15 \text{ f.} + \frac{15 \times 36000}{6 \times 75} = \frac{540000}{450} = 1200 + 15 = 1215 \text{ f.}$$

Si c'était le net de l'effet qui fût connu, on aurait capital brut $= 1200 + \dfrac{1200 \times 6 \times 75}{36000} = \dfrac{540000}{36000} = 15 \text{ f.} + 1200 \text{f.} = 1215 \text{ f.}$

Du Bordereau d'escompte.

Le Bordereau d'escompte est une liste d'effets négociés le même jour par la même personne, et dans laquelle l'escompteur établit les conditions de l'escompte et le résultat des calculs.

Cet acte se compose de six colonnes; quelques maisons, toutefois, dessinent, entre la troisième et la quatrième colonne, une petite colonne dans laquelle elles inscrivent le taux du change, en regard de chaque remise, quand il n'est pas le même pour toutes les remises.

Nous donnons cette dernière forme au bordereau ci-dessous, que nous calculons par la méthode des nombres, selon les principes N B., page 4.

Nous engageons les élèves à en faire la vérification par la méthode des parties aliquotes, c'est-à-dire par la recherche des intérêts partiels des remises, et à procéder de même dans les nombreux exercices auxquels ils doivent se livrer sur ce sujet.

Formule.

FORMULE, art. 9 du Brouillard.

———————————— *Limoges, le 7 novembre 1868.* ————————————

BORDEREAU de M. RÉAL : Intérêt 6 p. %, Change de pl. 3/8 p. %.

Nᵒˢ	SOMMES.		LIEUX DE PAIEMENTS.	CHᵍᵉˢ	ÉCHÉANCES.	JOURS.	NOMBRES
101	1275	»	Sur Guéret.............	3/8	15 déc.	38	48.450
102	2150	»	» Nantes.............	»	25 id.	48	103.200
103	1500	»	» Bordeaux..., ...	»	31 id.	54	174.960
104	1740	»	» id.	»	31 id.		
	6605	»	Totaux.....				326.610
	79	40	54f40 Intérêt 6 p. %.				
			25 » Ch. de pl. 3/8 p. %				
	6585	60	Net du Bordereau.				

Les bordereaux des comptes courants se font de la même manière.
Chaque compte en comprend deux, semblables à celui qui précède,
que l'on écrit sur deux pages en regard l'une de l'autre : l'un pour
le *DOIT*, l'autre pour l'*AVOIR*.

Toutefois, dans les comptes courants, la colonne des sommes ou
remises est généralement divisée en deux doubles colonnes de francs
et de centimes. On écrit, lorsqu'il y a lieu, les détails dans la
deuxième de ces colonnes, et les totaux dans la première.

Si la colonne des sommes du bordereau ci-dessus était divisée en
deux, on écrirait donc 1500 fr. et 1740 fr. dans la deuxième colonne, et leur total, 3240 fr., qui doit être multiplié par 54, dans
la première.

FORMULE *d'un Compte de retour.* (Art. 57 du Brouillard.)

*Compte de retour d'une lettre de change de la somme de quinze cents
francs, tirée, le 15 novembre dernier, au 15 décembre suivant, à
l'ordre de M. LEBON, par M. FERRET, de Limoges, sur M. HAUBERT,
de Nantes, qui l'a acceptée le 27 novembre, et passée à MM. ROGER,*

ARMAND, SUREAU, LAMBERT, JOUNAUD *et à moi, qui l'ai fait pro-*
tester faute de paiement, et dont je me rembourse par ma traite de
ce jour, ci-jointe, à trois jours de vue, sur LAMBERT, *négociant à*
Angoulême :

1° Principal.............................	1500f.	»
2° Protèt et enregistrement..................	11	40
3° Commission 1/2 p. º/o...................	7	50
4° Courtage et certificat 1/4 p. º/o...........	3	75
5° Timbre du présent et de la retraite.........	1	50
6° Ports de lettres........................	1	60
7° 30 jours d'intérêts à 6 p. º/o..............	7	50
8° Rechange au cours de ce jour, 1/2 p. º/o.....	7	50
TOTAL.........	1540	75

Nantes, le 17 décembre 1868.

SALVIN.

CERTIFICAT écrit au dos du compte, et signé par un Agent de change,
ou, à défaut d'agent de change, par deux Commerçants patentés :

Je soussigné, Agent de change (*ou* nous, soussignés, commerçants),
certifie (*ou* certifions) que le change de Nantes sur Angoulême est
au taux d'un demi pour cent, et que celui de Nantes sur Limoges
est au taux de un pour cent.

    (*Date.*)   (*Signature.*)

Ce certificat peut se faire en deux mots, écrits au bas du compte
de retour :

    Certifié véritable.   (Date et signature.)

FORMULE DE LA RETRAITE.

Nantes, le 17 décembre 1868.   B. P. F. 1540,75 c.

    A trois jours de vue, veuillez payer, par cette seule (1) *de change,*
à l'ordre de Monsieur JOUNAUD, *la somme de mille cinq cent quarante*
francs soixante-quinze centimes, valeur en compte, que passerez, sans
autre avis, en remboursement du compte de retour d'une lettre de change
non acquittée, que vous avez négociée sur HAUBERT, *de Nantes, et qui*
est ci-annexée avec ledit compte de retour.

A Monsieur LAMBERT,   *Votre serviteur,*
négociant à Angoulême.   SALVIN.

---

(1) Dans une lettre de change, on prend, par l'expression *cette seule*, l'engagement de ne
pas fournir, même en cas de perte, une nouvelle lettre pour le même objet.

DE LA LETTRE DE CHANGE.

FORMULE.

Limoges, le 15 novembre 1868.   B. p. f. 1500 »

Au quinze décembre prochain, veuillez payer, par la présente de change, à l'ordre (^{1}) de M. LEBON, *la somme de quinze cents francs, valeur reçue (^{1}) en marchandises, que passerez, suivant mon avis de ce jour.*

A Monsieur HAUBERT,   *Votre serviteur,*
négociant à Nantes.   FERRET.

Accepté, le 27 novembre 1868.
HAUBERT.

L'échéance, par l'énonciation de laquelle les effets de commerce commencent toujours, est ainsi formulée :

A vue..., à tel délai de vue..., à tel délai de date..., ou à telle époque, excepté pour le billet à ordre qui ne saurait être fait à vue.

FORMULE D'UN MANDAT.

Limoges, le 7 novembre 1868.   B. p. f. 1740 »

Au trente et un décembre prochain, payez, contre le présent mandat, à l'ordre (^{1}) de M. FERRET, *la somme de mille sept cent quarante francs, valeur reçue (^{1}) comptant, que passerez sans autre avis de*

A Monsieur JOUNAUD,   *Votre serviteur,*
négociant à Bordeaux,   RÉAL.
rue...., n°....

FORMULE D'UN BILLET A ORDRE (2).

Limoges, le 7 novembre 1868.   B. p. f 1457 80

Au cinq janvier prochain, je paierai, à l'ordre de M. HAUBERT, *la somme de mille quatre cent cinquante-sept francs quatre-vingts centimes, valeur reçue en marchandises.*

FERRET.

---

(1) Si le tireur créait l'effet avant d'en connaître le preneur ou bénéficiaire, il écrirait : A mon ordre, la somme de..., valeur en moi-même, et l'endosserait en le cédant à un tiers.

(2) Ce billet s'appelle Billet à domicile, lorsqu'il est souscrit ou payable hors du domicile du souscripteur.

ENDOSSEMENT.

Les effets de commerce se transmettent par la voie de l'endossement. L'endossement s'écrit au dos et en travers de l'effet, en commençant par le bout opposé à celui du timbre. Il est ainsi conçu :

Payez à l'ordre de Monsieur (le nom du preneur), *valeur reçue* (comptant, en compte, en marchandises, en espèces, ou de toute autre manière).

Date.   *Signature.*

DU BILLET ORDINAIRE OU SIMPLE PROMESSE.

FORMULE.

A un an de date, je paierai à Monsieur (nom, qualité et domicile), *la somme de mille francs, valeur reçue à titre de prêt.*

Date.   *Bon pour mille francs.*

Signature.

AUTRE FORMULE.

Je, soussigné, J. Ferret, *négociant à Limoges, reconnais devoir et promets payer à M.* Lejeune, *le trente et un décembre prochain, en son domicile, à Limoges, la somme de mille francs qu'il m'a prêtée, avec intérêts à cinq pour cent jusqu'au remboursement effectif.*

Limoges, le 31 décembre 1868.

Bon pour mille francs.

FERRET.

FORMULE D'UNE QUITTANCE D'INTÉRÊTS.

Je, soussigné, J. Ferret, négociant à Limoges, reconnais avoir reçu de M. Gatinaud, propriétaire à Châteauroux, par les mains de Me Dumard, notaire à Limoges, la somme de trois cent cinquante francs, montant des intérêts échus le 2 de ce mois, de la somme de sept mille francs que je lui ai prêtée, par acte reçu Me Dumard, le deux novembre mil huit cent soixante-six. Dont quittance.

Limoges, le 8 novembre 1868.

FERRET.

FORMULE D'UNE OUVERTURE DE CRÉDIT.

Entre les soussignés, Louis MILHAC, banquier à Limoges, d'une part, et Jules FERRET, négociant, demeurant aussi à Limoges, d'autre part, il a été convenu ce qui suit :

M. Milhac ouvre à M. Ferret, qui accepte, un crédit de douze mille francs par compte courant. Ce crédit comprendra toutes les sommes que ledit Milhac fournira à son crédité, directement sur simple reçu de ce dernier, ou pour opérations de banque et négociations d'effets de commerce, et sera augmenté du montant des sommes en espèces que M. Ferret pourra déposer dans la caisse de M. Milhac.

Toutes les sommes réciproquement fournies par les soussignés porteront intérêt à 5 p. %. Toutefois, il sera alloué à M. Milhac, pour les fonds avancés par lui à M. Ferret, une commission conforme au tarif de sa maison, et duquel tarif ledit Ferret déclare avoir pris connaissance.

Le présent crédit, dont la durée n'est pas limitée par ces conventions, cessera à la volonté de l'une ou de l'autre des parties, sur un simple avis donné par écrit.

Fait double, à Limoges, le.....

Approuvé l'écriture :

MILHAC.   FERRET.

N. B. — Si l'ouverture de crédit était garantie par une hypothèque, la convention devrait être faite par acte notarié, attendu qu'aucune hypothèque conventionnelle ne peut être consentie que par acte authentique. (*Art. 2127 et 2129 C. N.*)

DE LA FACTURE.

La facture est un état détaillé des marchandises vendues ou expédiées à la même maison. Elle prend le nom de mémoire, lorsque les fournitures qu'elle énumère, ont été faites à diverses reprises.

Les mémoires ne portent ni marques, ni numéros en marge, et les dates des fournitures y sont écrites dans une colonne à gauche.

Formule

FORMULE D'UNE FACTURE.

Maison FERRET, à Limoges, rue des Taules, 15.

DOIT M. Lebon, à Poitiers, les marchandises suivantes, expédiées à ses frais, par l'entremise de M. Duperron, commissionnaire de roulage, et payables à Poitiers, à 90 jours.

Escompte 6 p. %.

Limoges, le 12 novembre 1868

E. F.	327 à 329	3 barriques de vin de Libourne, contenant 2 h. 28 litr. chacune, 6 h. 84 lit., à............................	65	»	444	60
P. S.	330	Une caisse de 75 bouteilles, vin de Bordeaux, à.......	1	25	93	75
		Total....................	....	..	538	35
		Escompte 6 p. %.......	....	..	32	30
		Net à payer............	....	..	506	05

La facture n'est signée que lorsque la vente est faite au comptant; dans ce cas, le vendeur y fait précéder sa signature des mots :

Pour acquit.

DE LA LETTRE DE VOITURE.

La lettre de voiture est un contrat entre l'expéditeur et le voiturier, ou entre l'expéditeur, le commissionnaire et le voiturier. Elle est rédigée sur une feuille de papier au timbre de 50 centimes, sous peine d'une amende de 50 fr. payable solidairement par l'expéditeur et le voiturier. (Art. 101, C. com., et 6 et 7 de la loi du 11 juin 1842.)

Lorsque la lettre de voiture est faite par le commissionnaire, ce qui a lieu le plus ordinairement, ce dernier en remet à l'expéditeur un extrait appelé bulletin de chargement.

Les compagnies de chemins de fer remplacent le bulletin par un récépissé au timbre de dix centimes.

Formule

FORMULE D'UNE LETTRE DE VOITURE
signée par l'expéditeur.

Maison FERRET,

à Limoges.

Voiture	43	20
Timbre.	»	75
Déboursé.......	»	»
Remboursement.	»	»
TOTAL.....	43	95

MARQUES	Nᵒˢ	DÉSIGNATION	CONTENANCE	
E. F.	327	Barriques	2 h	28
»	328	de	2	28
»	329	vin rouge.	2	28
P.S.	330	Une caisse.	0	75
		TOTAL...	7	59

A Monsieur LEBON,

négociant

à Poitiers.

Limoges, le 12 novembre 1868.

Sous la protection des lois, par l'entremise de M. DUPERRON, commissionnaire de roulage, de notre ville, et sous la conduite de François LEGOT, voiturier, demeurant aussi à Limoges, vous recevrez trois barriques de vin rouge de Libourne, récolte de 1865, de la contenance de 2 hect. 28 lit. chacune, et une caisse de soixante-quinze bouteilles de vin vieux de Bordeaux; le tout, marqué et numéroté comme en marge, devra vous arriver en bon état et être déchargé à la porte du magasin que vous désignerez au voiturier, le 17 du courant, sous peine par lui de perdre le tiers du prix de transport, que vous lui paierez en la personne du porteur de la présente, la somme de 43 fr. 20 c., lui remboursant en outre celle de 75 centimes pour timbre et enregistrement, suivant détail plus haut.

FERRET.

RESPONSABILITÉ DU VOITURIER.

Lorsque le chargement comprend des objets sujets aux droits d'octroi, le voiturier doit, sous peine de tous dépens, en prévenir le destinataire avant d'entrer en ville. Quant au retard, s'il était la cause de préjudices réels, et qu'il ne fût point occasionné par une force majeure légalement constatée, il rendrait le voiturier passible de dommages-intérêts autres que la perte du tiers du prix de transport. (Cour de Pau, arrêt du 25 février 1815 ; cour de Douai, arrêt du 24 juin 1857.)

CAS DE REFUS DES OBJETS EXPÉDIÉS.

Si le destinataire se croit en droit de refuser les objets qui lui sont expédiés, il doit en exposer les motifs dans une requête sur papier timbré, adressée au président du tribunal de commerce, ou à son défaut, au juge de paix du canton.

A défaut du destinataire, cette formalité doit être remplie par le voiturier. (Art. 95, 97, 98, 106, C. comm. ; 1157, C. N. ; 622, C. pr.)

Si les objets qui doivent être pris au bureau du commissionnaire, ne sont pas réclamés dans le délai de six mois, ce dernier doit en faire la déclaration à la régie de l'enregistrement. (Voyez le décret du 18 août 1810.)

Si le commissionnaire ne trouve pas le destinataire des marchandises qu'il est chargé de transporter à domicile, il doit les consigner dans un dépôt public. (Arrêts de la Cour de cassation des 19 août 1856 et 25 avril 1857.)

DU BROUILLARD

OU MAIN COURANTE

L'arrangement et la rédaction des articles de la main courante doivent être conçus de telle manière que les opérations soient comprises du premier coup d'œil par le teneur de livres, qui les transforme en articles de journal.

Le libellé des articles ne doit rien contenir de diffus ou d'oiseux ; — il se compose de trois choses : la date, l'explication et l'énumération. — La date comprend le quantième, le mois et l'année, rien de plus. — L'explication indique la nature de l'opération, la raison de commerce de la maison avec laquelle l'opération est faite, la place où cette maison exerce son commerce, et les conditions du marché ; — la nature de l'opération s'exprime au moyen d'un participe passé employé à la voix active, comme acheté, vendu, payé, reçu, etc. — L'énumération s'entend des détails essentiels des objets de commerce : —s'il s'agit de marchandises, elle fait connaître la quantité, la désignation, le prix et le produit ; — s'il s'agit d'effets de commerce, le numéro, la place où il est payable, l'échéance et la somme, et ainsi des autres.

Les colonnes de chiffres se comptent en allant de droite à gauche : la première, appelée colonne extérieure, est destinée à recevoir en francs et centimes le résultat de chaque opération, qui n'y figure jamais qu'une fois, lors même que l'article est complexe; les autres sont des colonnes intérieures, dont il importe de bien faire connaître l'emploi.

On ne saurait trop exercer les élèves à porter à la main courante des achats, des ventes, des règlements, des escomptes et des négociations d'effets de commerce, etc., car c'est en disposant les articles à la main courante que les jeunes gens se forment à l'intelligence des opérations, et se préparent à bien libeller les articles du journal dont ils auront à s'occuper dans le cours de l'année suivante. (*Programme du 6 avril 1866.*)

APPLICATION.

Appuyons ces principes d'exemples simples, mais variés et assez bien ordonnés, pour que tous ceux qui les rapporteront successivement sur les différents livres de commerce, après nous avoir lu avec attention, soient à même d'organiser et de tenir une comptabilité ordinaire; et supposons, pour mieux fixer les idées, que les livres dont nous donnons ici la contexture, appartiennent à la maison J. FERRET, de Limoges.

EXEMPLES

D'ARTICLES TRANSCRITS AU BROUILLARD

MODÈLE DU BROUILLARD OU MAIN COURANTE

(1)		F.	C.	F.	C.
1 ——— Du 2 novembre 1868. ———					
Versé à ma caisse la somme de.........				16.000	»
2 ——— Du 3 id. ———					
J'ouvre un compte à M. Milhac, à Limoges, mon banquier, qui me doit 1587 fr., valeur du 30 juin dernier, ci...................		1587	»		
et je lui remets en compte courant à 5 p. °/o.		9000	»	10.587	»
3 ——— Du 3 id. ———					
J'ouvre un compte à Gatinaud, à Château-roux, et j'y inscris 7000 fr. que je lui ai prêtés, le 2 novembre 1866, sur obligation reçue par M° Dumard, notaire à Limoges, ci.........				7.000	»
4 ——— Du 4 id. ———					
Jounaud, à Bordeaux, me fait livrer pour son compte, par Roux, à Limoges :					
3 sacs café Martinique, ens^ble net 262^k,5, à f. 2,60		682	50		
2 —— Moka trié, — 170, »,— 3,20		544	»		
4 —— Bourbon, — 370, » — 2,80		1036	»		
5 —— Myssore, — 435, » — 2,56		1113	60		
5 —— St^a Yago, — 430, » — 2,75		1182	50		
Total.......		4558	60		
Escompte 4 1/2 p. °/o......		205	15		
Net........				4.353	45
5 ——— Du 5 id. ———					
Reçu franco de Lambert, à Angoulême :					
10 barriques de vin de Libourne, récolte de 1865, ens^ble 22 hectol. 80, à f. 52 l'hect.		1185	60		
500 bouteilles de vin de Bordeaux, à f. 1,10		550	»		
50 barriques de vin d'Angoumois, ensemble 110 hectolitres, à f. 16...............		1760	»		
30 barriq. de vin de Brantôme, ens. 75 h. à f. 17		1275	»	4.770	60

	F.	C.	F.	C.
NOTA. Ayant l'intention de joindre le commerce des vins à celui de l'épicerie, j'ouvre au grand livre un compte particulier à chacun de ces genres de négoce, sous les noms de Marchandises Gén^les et de Vins et Liqueurs.				
Cette division me fournira le moyen de me rendre plus facilement et plus vite un compte exact de mes opérations sur chaque branche de mon commerce.				
6 ————Du 5 novembre 1868————				
Acheté au comptant, pour le chauffage de mon magasin, 7 stères de bois, scié et mis en place, à Fr. 12 le stère			84	»
7 ———————— Du 5 id. ————				
Payé à M. ROUX six mois d'avance du prix de mon loyer, à imputer sur le dernier semestre de mon bail, ci.			1200	»
8 ———————— Du 6 id. ————				
Mis en cave, pour être consommés dans le ménage, les vins suivants :				
1 barrique de vin de Libourne, 2^h28, à F. 52	118	56		
1 — — de Brantôme, 2,50 — 17	42	50		
3 — — d'Angoumois, 6,60 — 16	105	60		
75 bouteilles — de Bordeaux, 0,75 . - 1,10	82	50		
Payé les droits à la régie, sur 12^h13 -10,23	124	09	473	25
9 ———————— Du 7 id. ————				
Escompté à RÉAL, à Limoges;				
N°101, traite Lombard, à Tulle, s/ Bontant, à Guéret, au 31 décembre, ci.	1275	»		
» 102, billet Ledoux, à Nantes, à s/ ord/, 25 déc.	2150	»		
» 103, billet Darpon, à Bordeaux, à s/ o/, 31 déc.	1500	»		
» 104, s/ tr^te à m/ ord, s/ Jounaud, à Bordeaux, 31 décembre	1740	»		
ENSEMBLE.	6665	»		
Je lui remets				
Un bon sur la caisse de Milhac, m/ banquier, de..	4000	»		
En espèces.	2585	60		
Je lui retiens				
Intérêts à 6 p. % l'an. . . . . fr. 54,40	79	40		
Change de place et commission 3/8 p. % 25 »				
TOTAL égal.	. . . . . .	. .	6665	»

	F.	C.	F.	C.
10 ——— *Du 7 novembre 1868.* ———				
Reçu de HAUBERT, à Nantes, ce qui suit, qu'il a acheté pour m/ compte, par l'entremise d'un courtier :				
300 pains de sucre, ensemble 3120ᵏ 00 d.				
Tare 6 p. %....... 187.20				
Total net.... 2932ᵏ80 à 120 les %	3519	35		
Courtage 1/4 p. %..... 8f80 }	96	80		
Commission 2 1/2 p. %. 88,00 }				
Total........	3616	15		
Escompte 4 1/2 pour % sur f. 3519,35	158	35		
Net...	3457	80		
Je lui envoie en paiement de cette facture :				
Nº 1, m/ billet à s/ ordre, au 5 janvier prochain, de............... 1457,80				
Un group, dont il paiera le port à l'administration du chemin de fer, de 2000 »	3457	80		
Payé le port de 3120ᵏ, à f. 4,60 les %ᵏ 143,50 }	144	20		
— le timbre et donné la pièce au camionneur............ 0,70 }			3602	»
11 ——— *Du 8 id.* ———				
Acquitté le mémoire des travaux de menuiserie que REDON, menuisier à Limoges, a faits dans mon magasin, s'élevant, y compris les bois fournis par cet ouvrier, à............			275	»
12 ——— *Du 8 id.* ———				
Reçu de M. GATINAUD, par les mains de Mᵉ Dumard, notaire, les intérêts échus de 7000 francs qu'il me doit...............			350	»
13 ——— *Du 10 id.* ———				
Vendu au comptant, à M. ROUX, à Limoges, ce qui suit :				
22 kil. 52 d. de sucre de Nantes, à fr. 1,35	30	40		
4 — » de café Martinique, — 3, »	12	»		
2 — » — Moka, — 3,80	7	60		
3 — » — Bourbon, — 3,20	9	60		
3 — » — Myssore, — 3, »	9	»		
50 bouteilles de vin de Bordeaux, — 1,50	75	»	143	60

		F.	C.	F.	C.
14 ——— Du 11 novembre 1868. ———					
Vendu à divers, au comptant :					
40 bouteilles de vin de Bordeaux, à F. 1,50		60	»		
44 kilog. café Myssore......... — 3, »		132	»		
77 kilog. 48 déc. de sucre..... — 1,35		104	60	296	60
15 ——— Du 12 id. ———					
Expédié à LEBON, à Poitiers, par le roulage, et à ses frais :					
3 barriques de vin de Libourne, récolte 1805, contenant ensemble 6 hectolit. 84 litres, à Fr. 65 l'hectolitre 444,60					
75 bouteilles de vin de Bordeaux, à Fr. 1,25, ci............... 93,75		538	35		
Escompte 6 p. º/₀, ci.......		32	30	506	05
16 ——— Du 13 id. ———					
Reçu de TRITSCHLER & Cⁱᵉ, à Limoges, les objets suivants, que j'ai achetés pour le compte de Latour, à Tulle :					
3 charrues-araires, soc en acier, à f. 30, net 28, »		84	»		
3 — fouilleuses, à une roue, sans règle, soc en fonte, à........ f. 40, — 37,25		111	75		
1 tarare perfectionné, s/ poulie, à 60, — 56, »		56	»		
3 ratissoires à bras pour allées de jardin....... — 25, — 23,50		70	50		
12 pelles plates .... — 3,50 - 3,25		39	»		
12 — creuses.......... — 4,» — 3,65		43	80		
12 dragues à drainage ...... — 5,» — 4,50		54	»		
6 broches à poser les drains. — 3,» — 2,75		16	50		
TOTAL....		475	55		
Je règle leur facture ainsi :					
Espèces		461	30		
Escompte à 3 p. º/₀ que je leur retiens s/ f. 475,55		14	25	475	55
NOTA. — Cet article sera inscrit au livre des Commissions, et ne figurera pas au livre de Magasin.					
17 ——— Du 13 id. ———					
Expédié à LATOUR, à Tulle, ce qui suit :					
Les instruments aratoires que j'ai achetés pour lui, et qui s'élèvent, aux prix forts ci-dessus indiqués, à la somme de.............		513	»		
178 kil. café Myssore, à Fr. 2,85, ci......		507	30	1020	30

			F.	C.	F.	C.
18 ——— *Du 15 novembre 1868.* ———						

Reçu de LEBON, à Poitiers :
3 sacs trèfle nouveau, ens^ble 240^k, à f.80 les 0/0^k — **192** »
5 — — incarnat nouv., net 400—50 — — **200** »
15 — pois cassés naturels, ens. 1200—50 — — **600** »
6 — chènevis, ensemble 450—40 — — **180** »
3 caisses savon bleu pâle, coupe
           ferme, 360^k
       Tare 15 p. 0/0, 54
         Poids net, 306^k, à f.79 les 0/0^k — **241** | **75**
5 caisses savon bleu vif,
       coupe douce, ens. 560 k.
2 caisses savon blanc, ens. 250
         TOTAL....... 810
       Tare 18 p. 0/0.... 145,8
        Poids net..... 664,2, à f.76 les 0/0^k — **504** | **80**
5 tierçons huile colza épurée. 600
       Tare 20 p. 0/0..... 120
        Poids net...... 480, à f. 96 les 0/0^k — **460** | **80**
8 — huile pétrole rafinée, 880^k
       Tare 20 p. 0/0..... 176
        Poids net..... 704^k, à f.70 les 0/0^k — **492** | **80**
           Ensemble..... **2872** | **15**
       Escompte 4,50 p. 0/0, ci..... **129** | **25**
        NET de sa facture....... **2742** | **90**
Payé le port à raison de f. 3,55 les 0/0 k, sur
   4962 k., poids brut de l'envoi.... f. 176,15
Timbre et pièce au camionneur, ci.. », 85 — **177** » **2919** | **90**

| 19 ——— *Du 15 id.* ——— | | | | | | |

M. LEBON, à Poitiers, me prie de lui fournir
une valeur de F. 1500, à 30 jours, sur Nantes ; acquiesçant à sa demande, je tire,
Nº 105, m/ traite, à s/ ord/, s/ Haubert, 15 déc. — **1500** »

Et j'envoie, à ce dernier, pour le couvrir de
la lettre de change que je fournis sur lui,
Nº 2, m/ billet à s/ ord/, au 6 déc. prochain.. — **1500** »

| 20 ——— *Du 16 id.* ——— | | | | | | |

Adressé à LEBON, à Poitiers, s/ pli chargé,
Nº 105, m/ traite à son ordre, sur Haubert,
   à Nantes, au 15 décembre............ — **1500** »

		F.	C.	F.	C.
21 ———— *Du 17 novembre 1868.* ————					
LAMBERT, à Angoulême, m'informe qu'il transporte le montant de sa facture du 5 courant, valeur du 1er février,					
Savoir :					
A M. Latour, à Tulle............	1860 f. »				
A M. Milhac, banquier à Limoges..	2910 60	4770	60		
En conséquence de ce virement,					
Je débite Lambert de..........	4770,60				
Et je crédite,					
Latour, à Tulle, de................		1860	»		
Milhac, à Limoges, de..............		2910	60	4770	60
22 ———— *Du 18 id.* ————					
Vendu à GATINAUD, à Châteauroux,					
30 barriques vin d'Angoumois, ens. 66ʰ, à f. 19,50		1287	»		
15 — — de Brantôme, — 37,50, à f. 21, »		787	50		
3 sacs café Myssore, ensemb. 210ᵏ, à f. 2,85		598	50		
3 — — Santa-Yago, — 258 — 3, »		774	»		
2 — — Bourbon, — 135 — 3,10		418	50		
1 — — Moka, — 85 — 3,60		306	»		
2 — — Martinique, — 171 — 2,80		478	80		
Ensemble.....		4650	30		
Escompte 4 1/2 p. %......		209	30		
NET de ma facture...		4441	»		
M. GATINAUD me règle ainsi :					
Espèces..................		1972	05		
Nº 106, s/ mandat à m/ ord/, s/ Réal, à Limoges, 15 janvier......... 575,80					
Nº 107. Traite Delorme, à Paris, s/ Milhac, à Limoges, 31 janvier, 1842,60		2418	40		
Il me retient :					
Escompte 2,50 p. % sur f. 2022,60		50	55	4441	»
23 ———— *Du 20 id.* ————					
Réglé comme suit avec M. Roux, à Limoges, mandataire de Jounaud, à Bordeaux, sa facture du 4 courant, pour le compte de ce dernier :					
Nº 103, billet Darpon, à Bordeaux, 31 déc 1500					
» 104, tte Réal, à m/ o/ s/ Jounaud, 31 déc 1740		3240	»		
J'accepte					
» 3, s/ traite, au 5 janvier..............		1113	45	4353	45

		F.	C.	F.	C.

24 ——— *Du 20 novembre 1868.* ———

M. ROUX, voulant cesser son commerce de draperie, me cède son fonds, et m'abandonne, à titre gratuit, jusqu'au 1er novembre prochain, son magasin, situé au rez-de-chaussée de la maison que j'habite, à Limoges.

Ce fonds se compose de :

Description		F.	C.	F.	C.
4 p. drap pointillé, ens^ble 114m50, à f. 7,50		858	75		
2 — noir, — 90m » — 10,50		945	»		
2 p. castor noir, — 97m80 — 11,' »		1075	80		
5 p. droguet gris, — 239m50 — 1,95		467	»		
3 pièces flanelle, — 139m80 — 1,75		244	65		
2 —· tartanelle, — 130m — 1,25		162	50		
3 p. mouchoirs Chollet, 36 douz., à f. 6, »		216	»		
2 — — Inde, 76 d. 6, — 9, »		688	50		
5 — — 4/2, 113 d. » — 2,60		293	80		
2 — cravates de deuil, 36 d. 8, — 5,90		216	35		
1 — — fond blanc, 23 d. 6, — 6,50		152	75		
3 — madras, ensemble 357m —· 0,58		207	05		
1 — orléans, — 47m — 1,60		75	20		
2 — mérinos, — 116m, à f. 1,95		226	20		
1 — alpaga, — 63m — 2,50		157	50		
1 — coutil gris, — 77m, — 1,90		146	30		
5 — toile de ménage, 250m, — 1,75		437	50		
Total du fonds....		6570	85		
Escompte 6 p. %......		394	25		
NET.....		6176	60		
Acheté en outre le mobilier du magasin..		570	40		
TOTAL, payable fin mars prochain...				6747	»

25 ——— *Du 20 id.* ———

J'ouvre au grand-livre un compte aux marchandises ci-dessus, sous la dénomination de ETOFFES & NOUVEAUTÉS.

J'accepte la traite, ordre Dufort, que Lebon, à Poitiers, tire sur moi, au 1er mars, de... et j'en passe écritures sous le n° 4 de mes Effets à payer, ci . . . .

		F.	C.	F.	C.
(traite Dufort)		736	85	736	85

26 ——— *Du 23 id.* ———

Remis à MILHAC, banquier à Limoges :

Description		F.	C.	F.	C.
N° 101, traite Lombard, sur Guéret, 15 déc...		1275	»		
» 102, billet Ledoux, à Nantes, 25 déc...		2150	»	3425	»

		F.	C.	F.	C.
27 — *Du 25 novembre* 1868. —					

J'adresse à **Rouix**, à Clermont, pour qu'il les vende pour mon compte, moyennant une commission de 3 p. 0/0, les marchandises suivantes :

		F.	C.	F.	C.
4 pièces drap pointillé, ens. 114m50, à f. 8,50		973	25		
2 — — castor noir, — 97,80 —12,25		1198	05		
5 — droguet gris, — 239,50 — 2,20		526	90		
3 — flanelle, — 139,80 — 2 »		279	60		
2 — tartanelle, — 130 » — 1,50		195	»		
3 — madras, — 357 » — 0,75		267	75		
3 — mouchoirs Chollet, — 36 douz. — 9 »		324	»		
5 — — 4/2 —113 — —3,60		406	80		
2 — — Inde, —76 d. 6, —10 »		765	»	4936	35

J'ouvre, à ce sujet, au grand-livre, un compte à **Etoffes** chez **Rouix**.

28 — *Du 27 id.* —					

Echangé à M. **Lejeune**, à Limoges, ce qui suit, et dont il paiera les droits :

		F.	C.	F.	C.
1 barrique de vin de Libourne, 2 h.28, à fr. 65		148	20		
2 — — d'Angoumois, 4 h.40, à fr. 21		92	40		
Ensemble......		240	60		
Contre					
2 p. de toile de ménage, ens. 120m30, à f. 2 »				240	60

29 — *Du 28 id.* —					

Vendu au comptant, à divers, dans la semaine,

		F.	C.	F.	C.
10 douz. cravates de deuil, à fr. 7,20.....		72	»		
15 douz. cravates fond blanc, — 9, »......		135	»		
1 pièce orléans, de 47 m., à fr. 1,80 le m..		84	60	291	60

30 — *Du 29 id.* —					

M. **Villiers**, fabricant à Rouen, m'adresse, pour que je les vende pour son compte, moyennant une commission de 3 p. 0/0,

		F.	C.	F.	C.
60 pièces rouennerie, ens. 3000m, à f. 1,25.		3750	»		
40 — — — 2000m, — 1,60.		3200	»		
Ensemble.		6950	»		
Je paie le port de ces marchandises, f. 85,40					
Je donne la pièce au camionneur. . . 0,60		86	»	7036	»

Nota. J'ouvre au grand-livre deux nouveaux comptes : l'un à **Villiers**, et l'autre aux **Marchandises** de **Villiers**.

		F.	C.	F.	C.
31	———— *Du 30 novembre 1868.*————				
	Je paie à mes employés, savoir :				
	1 mois des appoint. de m/ chef de chai, f. 120				
	1 — — de m/ garçon de mag., 70				
	10 jours — de mon commis,..... 50				
	Je prélève				
	P/ frais de correspondance et d'emballage, 75	315	»		
	Pour dépenses domestiques..............	125	71	440	71
32	———— *Du 1er décembre 1868.*————				
	Pris à la caisse de MILHAC, mon banquier,				
	et versé dans la mienne................			2500	»
33	———— *Du 1er id.* ————				
	Escompté à LEJEUNE, à Limoges :				
	N° 108, traite Ménard, à Limoges, à s/ ordre				
	sur Delorme. à Paris, 15 déc. 1840				
	» 109, billet Dupars, à Orléans, ordre				
	Aymard, à La Rochelle, 25 déc. 1460				
	» 110, s/ mand/ à m/ ord/, sur Bontant,				
	à Guéret, à vue 650	3950	»		
	Je lui retiens :				
	Intérêts à 6 p. % l'an, ci ...... 12,05)				
	Change de place 1/4 p. % ...... 9,85)	21	90		
	NET du bordereau que je lui remets				
	en espèces.	3928	10	3950	»
	Nota. — Les intérêts sur les n°s 108 et 110				
	sont comptés pour 15 jours.				
34	———— *Du 1er id.* ————				
	Remis à MILHAC, mon banquier,				
	N° 108, sur Paris, au 15 courant	1840	»		
	» 110, sur Guéret, à vue, valeur du 5 cour^t.	650	»	2490	»
35	———— *Du 2 id.* ————				
	Vendu à LATOUR, à Tulle :				
	91 pains de sucre de Nantes, ens. 936^k, à f. 1,23	1151	25		
	2 sacs trèfle nouveau, ensemb. 160, — 0,95	152	»		
	3 — — incarnat, — 240, — 0,70	168	»		
	2 — chènevis du Poitou, — 150, — 0,60	90	»		
	5 caisses savon bleu vif, ens. 459^k p. net, 0,80	367	20		
	2 — — blanc, — 205, — 0,80	164	»		
	8 barriques huile de pétrole, 704^k — 0,80	563	20	2655	65

		F.	C.	F.	C.
36 ———— Du 3 décembre 1868.————					
Je forme une association en participation avec MM. LEJEUNE et ROUX, à Limoges, pour une opération sur les vins de Bordeaux, dont le montant ne pourra s'élever au-dessus de la somme de 80.000 fr.					
Je serai seul chargé de l'opération, et mes co-associés verseront chacun 25,000 fr. à la caisse de M. Milhac, banquier à Limoges, qui ouvrira un compte courant à l'association.					
Le compte que j'ouvrirai sur mes livres à cette opération, sera intitulé : VINS à 1/3 F. R. L., et les titres des autres comptes qui y auront rapport, seront également affectés de la raison F. R. L.					
Les bénéfices, déduction faite des intérêts à 5 p. %/0 l'an de l'argent avancé par les associés, et autres frais, seront partagés par 1/3 ; il en sera de même des pertes, s'il y a lieu, que viendront augmenter les susdits frais d'intérêts et autres.					
En vertu de ces conventions, MM. Lejeune et Roux versent à la caisse de M. Milhac, pour compte de la société F. R. L. chacun f.25,000, ci				50000	»
37 ———— Du 5 id. ————					
Acheté à JOUNAUD, de Bordeaux, pour le compte de la société F. R. L. :					
100 tonneaux (¹) de vin de Pauliac, qu'il me livrera sous le plus bref délai, à f. 750 l'un.		75000	»		
Escompte 3 1/2 p. %/0. . .		2625	»	72375	»
NET de sa facture. . . .					
38 ———— Du 6 id. ————					
Pris à la caisse de MILHAC, m/ banquier...		1500	»		
Acquitté					
Nº 2, m/ billet ord/ HAUBERT, échu				1500	»
39 ———— Du 8 id. ————					
Reçu de JOUNAUD, de Bordeaux, les vins qu'il m'a vendus, et pris à la caisse de Milhac, pour payer le transport et l'emmagasinage, savoir :					

(1) Le tonneau de vin vaut 4 barriques de 228 litres chacune; 100 tonneaux valent donc 400 barriques.

	F.	C.	F.	C.
Transport pour 100 tonneaux, à f. 16 l'un.	1600	»		
Emmagasinage, à f. 0,40 par tonneau, ci..	40	»		
Pièces aux camionneurs.	5	»	1645	»

40 ——————— *Du 9 décembre 1868.* ———————

Vendu à BONTANT, à Guéret, pour le compte de la société F. R. L., payables fin courant, 50 barriques de vin de Pauliac, à f. 215 l'une.

| | | | 10750 | » |

41 ——————— *Du 9 id.* ———————

Vendu à DOMARD, à Limoges, pour le compte de la société F. R. L.,

| 75 barriques de vin de Pauliac, à f. 210 l'une | 15750 | » | | |

Domard a ainsi réglé ma facture :

| En espèces . . . . | 6000 | » | | |

Billet Suriot, à Limoges, au 15 fév., ci. 2575 »
Traite Bontant, sur Romain, à Péri-
    gueux, au 31 décembre. . . . 3680 »

| S/ billet à m/ ord/, au 1ᵉʳ mars . . 3495 » | 9750 | » | | |

Et je verse le montant de ce règlement à la caisse de Milhac, ci . . . .

| | | | 15750 | » |

42 ——————— *Du 10 id.* ———————

Réglé ainsi avec le voyageur de JOUNAUD le montant de la facture, du 5 courant, de ce dernier :

Espèces prises à la caisse de Milhac. 51875f. »
Les 3 effets que je remis hier à ce
    dernier, et que je retire de ses

| mains, s'élevant à . . . . . 9750 » | 61625 | » | | |
| M/ trᵗᵉ s/ Bontant, à Guéret, au 31 du cour/, de | 10750 | » | 72375 | » |

Nota. Cet article en nécessite deux au journal, où il faut d'abord débiter le compte des *Effets à Recevoir*, F. R. L., par le crédit de Bontant.

43 ——————— *Du 10 id.* ———————

Vendu à M. DE LORME, à Paris, pour le compte de la société F. R. L. :

| 50 tonneaux de vin de Pauliac, à fr. 800 le tonneau, ci . . . . | 40000 | » | | |

M. Delorme me remet en paiement :

	F.	C.	F.	C.
Un bon sur la caisse du Crédit agricole, à Limoges, de.........................	20000	»		
Deux traites acceptées, de chacune 5,000 fr., sur Laurent et Cie, à Limoges, au 15 janvier, ci.........................	10000	»		
Son billet, à mon ord/, au 1er février, de....	10000	»		
Je remets moi-même la somme et les valeurs composant ce règlement, à M. Milhac, ci....			40000	»

44 ——— Du 12 décembre 1868. ———

	F.	C.	F.	C.
Vendu à GANDAUD, à Châteauroux, pour le compte de la société F. R. L.				
75 barriques de vin de Pauliac, à fr. 215, ci...	16125	»		
Escompte 4 %, ci................	645	»		
Net......................	15480	»		
Qu'il me règle ainsi :				
Son virement sur Milhac, banquier de la société, de.........................	8780	»		
Sa traite sur Lejeune, au 5 janvier, de........	2875	»		
Billet Villars, à Limoges, à s/ ord/, au 31 déc., de........................ 1840				
S/ billet, à mon ord/, au 31 janv...... 1985	3825	»		
Je remets ces valeurs à Milhac, ci........			15480	»

45 ——— Du 13 id. ———

	F.	C.	F.	C.
L'opération en participation F. R. L. étant terminée, j'en règle le compte.				
Je porte au débit de l'association :				
1° Les frais de magasinage, de chargements, de ports de lettres et autres que j'ai déboursés, et qui s'élèvent à................	406	25		
2° Les intérêts et changes dus à Milhac, suivant compte courant arrêté ce jour, ci....	112	95		
3° Les intérêts dus à Roux et à Lejeune, sur 50,000 fr. fournis à la société, à 5 p. %, pendant 10 jours, ci..................	69	45	588	65

46 ——— Du 14 id. ———

	F.	C.	F.	C.
Le compte général de participation étant arrêté, on trouve qu'il s'élève :				
Au crédit, à...........................	81980	»		
A reporter...............	81980	»		

		F.	C.	F.	C.
Report............		81980	»		
Au débit, à.....................		74608	65		
D'où il résulte un bénéfice de...........		7371	35		
Dont le tiers pour Roux est de...........		2457	10		
— 1/3 — Lejeune —		2457	15		
— 1/3 — Moi —		2457	10	7371	35

47 ———— Du 13 décembre 1868. ————

Les résultats de l'opération étant donnés, il ne reste qu'à établir la situation de Milhac vis-à-vis des associés ; or, le débit de son compte s'élève à la somme de............ **121230** »

Le crédit, à celle de.................... **63382 95**

Il est donc débiteur de la somme de........ **57847 05**

Cette somme doit être répartie ainsi :

A Roux et à Lejeune, pour capital fourni à la société.................... 50.000, »

Pour intérêt à 5 % pendant 10 jours, 69,45

Pour les 2/3 des bénéfices........ 4.914,25   **54983 70**

A moi,

Pour les frais généraux.......... 406,25

Pour le 1/3 des bénéfices........ 2.457,10   **2863 35**   **57847 05**

48 ———————— Du 14 id. ————

Monsieur Lejeune, épicier à Limoges, me demande de lui ouvrir un compte courant, aux intérêts réciproques de 4 1/2 % l'an, avec 1/4 p. % de commission en ma faveur, sur toutes les valeurs qu'il me fournira en dehors de Limoges. Acceptant cette proposition, je prends pour mon compte sa créance sur Milhac, valeur du 13 courant, de...........   **27491 85**

49 ———————— Du 15 id. ————

Reçu de Jounaud, à Bordeaux,

500 bouteilles de rhum et autres liqueurs assorties, à fr. 2,75, ci .... 1375, »

Escompte 3 %........... 41,25   **1333 75**

1 barrique de sucre de canne, de 480 k. à fr. 1,50, ci........... 720, »

2 barriques de sucre de Bordeaux,

A reporter........ 720, »   **1333 75**

		F.	C.	F.	C.
Reports........ 720, »		1333	75		
900 k., à fr. 1,18............ 1062, »					
Ensemble .... 1782, »					
Escompte 3 p. %......... 53,45		1728	55		
Net de sa facture....................		3062	30		
Je paie le port de ces marchandises.......		32	70	3095	»
50 ——— *Du 16 décembre 1868.* ———					
Vendu à GATINAUD, à Châteauroux,					
300 k. de sucre des colonies, à f. 165 les % k.		495	»		
260 bouteilles de vin de Bordeaux,					
à fr. 1,40 la bouteille, ci........ 364, »					
150 bouteilles, liqueurs assorties,					
à fr. 2,25 la bouteille, ci 487,50					
6 barriques de vin de Libourne, en-					
semble 13 h. 68 l., à fr. 60, ci... 820,80		1672	30		
En tout.....................		2167	30		
Je suis convenu d'ouvrir un compte courant,					
aux intérêts réciproques de 5 % l'an, à Gati-					
naud, et d'y porter les 7000 fr. qu'il me doit					
par obligation, valeur du 2 nov., ci........		7000	»		
Le montant de la facture ci-dessus, valeur du					
15 mars prochain, ci...................		2167	30	9167	30
51 ——— *Du 17 id.* ———					
Vendu à LEFORT, à Cahors, par l'intermé-					
diaire de Rousseau, à Limoges :					
30 pièces rouennerie de Villiers, ensemble					
1500 m., à fr. 1,40.................		2100	»		
20 pièces de rouennerie de Villiers, ensemble					
1000 m., à fr. 1,80...................		1800	»		
Ensemble.................		3900	»		
Lefort me remet :					
N° 111, s/ mand/, à m/ ord/, sur Royer, à					
Paris, 28 février...................		3900	»		
Je paie, en espèces, à Rousseau, sa commission,					
1 p. % sur 3900 fr., ci.................		39	»	3861	»
52 ——— *Du 18 id.* ———					
ROUIX, de Clermont-Ferrand, m'envoie le					
compte de vente des marchandises que je lui					
ai remises en commission, le 25 novembre					
dernier.					

	F.	C.	F.	C.
Ce compte est ainsi conçu :				
4 p. drap pointillé , ens. 114^m 50, à fr. 9, »	1030	50		
2 — id. castor noir, — 97 , 80, — 12. »	1173	60		
5 — droguet gris, — 239 , 50, — 2,20	526	90		
3 — flanelle, — 139 , 80, — 2,20	307	55		
2 -- tartanelle, — 130 , » — 1,70	221	»		
3 — mouchoirs de Chollet, — 36 douz. — 10, »	360	»		
2 — id. Inde, — 76 d. 6, — 12, »	918	»		
5 — id. 4/2, — 113 d. » — 4,80	542	40		
3 — madras, — 357 m. » — 0,90	321	30		
Ensemble	5401	25		
A déduire :				
Frais de transport et de correspondance 43 f. »	205	05		
Commission 3 º/₀ 162,05				
Net	5196	20		
Qu'il me règle ainsi :				
25 p. toile de lin, ens. 1875 m., à fr. 0,75.	1406	25		
Nº 112, s/ traite à m/ ord/, sur Delorme, Paris,				
au 15 février . . . . 1875 »				
Nº 113, id. s/ Lafond, Lyon, 5 mars, 1914,95	3789	95		
Payé le port des 25 pièces de toile, ci	9	55	5205	75

53 ——————— *Du 18 décembre 1868.* ———————

Remis à GATINAUD, à Châteauroux,				
Nº 109, sur Orléans, 25 déc.			1460	»

54 ——————— *Du 18 id.* ———————

Je remets à ROUX, à Limoges, une lettre de
crédit de six mille francs sur la maison Lamar-
che, banquier à Lyon, et je lui ouvre un compte
courant, au crédit duquel je porte les 6747 f.,
valeur du 31 mars prochain, que je lui dois, ci

			6747	»

NOTA. — Les intérêts de ce compte seront calculés
sur le pied de 6 p. º/₀.

55 ——————— *Du 19 id.* ———————

	F.	C.	F.	C.
Vendu à M. MEILHARD, à Périgueux,				
30 p. rouennerie de Villiers, ens. 1500^m., à f. 1,40	2100	»		
20 — id. — 1000 — 1,90	1900	»		
Ensemble	4000	»		
Escompte 4 1/2 p. º/₀	180	»		
Net	3820	»		
À reporter	3820	»		

		F.	C.	F.	C.
Report..............		3820	»		
25 p. toile de lin de Clermont, ensemble 1875 m., à f. 0,90............ 1687,50					
Escompte 4/2 p. %..... 75,95		1611	55		
TOTAL..............		5431	55		
Il me paye ainsi :					
N° 114, B^let Berthon, à Périgueux, à s/ ordre, 15 mars...................... 985					
» 115, s/ mand/, à mon ord/, s/ Réal, à Limoges, 15 mars................ 735		1720	»		
En espèces.........................		3618	75		
Escompte 2 1/2 p. % sur f. 3711,55 payés comptant.............................		92	80	5431	55

56 ———— *Du 19 décembre 1868.* ————

		F.	C.	F.	C.
J'informe VILLIERS, à Rouen, de la vente de ses marchandises, dont le prix s'élève à la somme de 7,720 fr., ci		7720	»		
Desquels il faut déduire :					
1° Le coût du transport, soit .... 86 f. »					
2° Ma commission à 3 p. %, ci 231,60		317	60		
Net....................		7402	40		
Je lui remets en paiement :					
N° 113, sur Lyon, au 5 mars, de.. 1914,95					
» 114, sur Périgueux, au 15 mars, 985 »		2899	95		
Et je l'invite à tirer sur moi, à fin mars, pour le reliquat, soit....................		4502	45	7402	40

57 ———— *Du 20 id.* ————

		F.	C.	F.	C.
HAUBERT, à Nantes, m'écrit que ma traite du 15 novembre sur sa maison, ayant été présentée pendant son absence, a été protestée; et il m'envoie, pour en solder le compte de retour,					
Un chèque à vue sur la caisse de la société de Crédit industriel et commercial, à Paris, comprenant le montant dudit compte.......		1540	75		
Plus les intérêts pour 15 jours, à 6 p. %..		3	85		
En tout......		1544	60		
Je remets ce chèque à Milhac, valeur du 25 courant, ci...........................				1544	60
Et j'acquitte le compte de retour de f. 1540,75					

		F.	C.	F.	C.
qui m'est présenté aujourd'hui par le commis-voyageur de Lambert, à Angoulême.					
58 ——— Du 20 *décembre* 1868. ———					
Pris à la caisse de Milhac, et versé dans la mienne				8000	»
59 ——— Du 20 *id.* ———					
Remis à Lejeune, à Limoges,					
N° 106, sur Limoges, 15 janvier... 575,80					
» 107, » id. 31 id...... 1842,60		2418	40		
En espèces		2540	»	4958	40
60 ——— Du 21 *id.* ———					
Gatinaud, à Châteauroux, me fait remettre par Rousseau, à Limoges :					
N° 116, s/ tr^te à m/ ord/, sur Royer, à Paris, au 1er avril prochain, de....... 3.875, »					
N° 117, b^let Dupré, à Châteauroux, à s/ ord/, au 5 avril......... 1.285, »		5160	»		
En espèces		2400	»		
Son virement sur Lejeune, à Limoges, valeur du 16 courant, ci		1367	50	8927	50
61 ——— Du 22 *id.* ———					
Acquitté :					
N° 5, tr. Roux, ord/ Lamarche, à Lyon, à vue				800	»
62 ——— Du 22 *id.* ———					
Escompté à Rousseau, à Limoges :					
N° 118, sa tr^te, à m/ ord/, sur Desvilles, à Laval, au 31 janvier.................. 1.245, »					
N° 119, tr^te Lefort, à Cahors, ord/ Leblanc, à Toulouse, sur Massin, à Paris, fin courant.......... 3.817, »					
N° 120, mand/ Berger, à Bordeaux, à s/ ord/, sur Delorme, Paris, au 5 février, ci.............. 4.350, »		9412	»		
Je lui remets :					
En espèces............................		9338	80		
Intérêts à 6 p. %............... 46,55					
Change 1/2 p. % sur 1245 fr........ 6,25		73	20		
id. 1/4 p % sur 8167, Paris.... 20,40				9412	»

		F.	C.	F.	C.
63 —— Du 23 décembre 1868. ——					
Remis à Mme Roux, sur l'autorisation de son mari,					
En espèces................................		250	»		
Accepté :					
N° 6, tr. Roux, ord/ Lamarche, à Lyon, sur moi, à 3 jours de vue...................		1260	»	1510	»
64 —— Du 24 id. ——					
Vendu à Lejeune, à Limoges,					
180 k. sucre des colonies, à fr........	1,70	306	»		
100 p. de sucre de Nantes, ens. 1044 k., à f.	1,24	1294	55		
87 k. 5 h. café Martinique, à fr......	2,90	253	75		
83 k. café Moka, à fr.............	3,60	298	80		
120 k. — Bourbon, à fr...........	3,10	372	»		
50 bouteilles de liqueurs assorties, à f..	3,25	162	50		
3 caisses savon bleu pâle, ens. 306 k., à f.	0,80	244	80		
2 barriques d'huile de colza, ens. 192 k., à f.	1,10	211	20		
Total, valeur du 28 février, ci...........				3143	60
65 —— Du 26 id. ——					
Milhac, à Limoges, me demande des valeurs sur Paris, m'offrant de me tenir compte de 1/8 p. % de commission.					
Je lui remets le bordereau ci-dessous :					
N° 111, sur Royer, au 28 février.. 3.900, »					
— 112, sur Delorme, au 15 février. 1.875, »					
— 116, sur Royer, au 1er avril.... 3.875, »					
— 119, sur Massin, 31 décembre.. 3.817, »					
— 120, sur Delorme, au 5 février.. 4.350, »		17817	»		
Il me retient :					
Intérêts à 5 p. %.....................		126	50		
Net du bordereau, valeur de ce jour........				17690	50
66 —— Du 26 id. ——					
Lejeune verse dans ma caisse..........				2800	»
67 —— Du 26 id. ——					
Acquitté m/ acceptation du 23 courant, N° 6, à trois jours de vue, ci.............				1260	»

68 ——— *Du 27 décembre 1868.* ———	F.	C.	F.	C.
Accepté les traites suivantes que JAUNAUD, à Bordeaux, me fait présenter :				
Nº 7, au 15 février prochain, de...........	1500	»		
Nº 8, au 5 avril prochain, de.............	1562	30	3062	30

69 ——— *Du 27 id.* ———				
Reçu de divers les marchandises ci-dessous :				
De VILLIERS, à Rouen,				
5 p. drap d'Elbeuf, ensemble 250 m.,				
à f. 12,50, ci................ 3.125, »				
15 p. rouennerie, ensemble 675 m.,				
à f. 1,10. ci................ 742,50				
25 p. rouennerie, ensemble 1200 m.,				
à f. 1.30, ci................ 1.560, »				
30 p. calicot. ens. 1500 m., à f. 0.55, ci. 825, »				
500 k. coton Louisiane, à f. 2,25, ci. 1.125 »				
Ensemble.............. 7.377,50				
Escompte 6 p. %........... 442,65				
Net................. 6.934,85	6962	35		
Payé le port............... 27,50				
De BERTIN, à Lyon,				
1 b/ grége d'Espagne, 48 k. 6 h.,				
à f. 32,50, ci............... 1.579,50				
1 b/ grége de Brousse, 35 k. 5 h/,				
à f. 24, ci................... 852, »				
1 b/ organsin, 35 k. 65 d. à f. 38, ci. 1.354.70				
1 b. trame du pays, 42 k. 5 h. à f. 41, ci. 1.742,50				
Ensemble.............. 5.528,70				
Escompte, 15 p. %........... 829,30				
Total payable fin janvier....... 4.699,40				
Payé le port............... 36,40	4735	80	11698	15

70 ——— *Du 27 id.* ———				
Je fais ma caisse, et j'y trouve un déficit de 80 fr.; ne sachant point d'où vient ce déficit, j'en débite le compte de Pertes et Profits....			80	»

71 ——— *Du 28 id.* ———				
Expédié aux suivants :				
A ROUIX, à Clermont,				

		F.	C.	F.	C.
3 p. drap d'Elbeuf, ens. 150ᵐ, à f. 14, ci.	2100, »				
15 p. rouennerie, — 675 —1,25, ci.	843,75				
15 p. calicot; — 750 —0,60, ci.	450, »				
200 k. coton Louisiane, —2,60, ci.	520, »	3913	75		

A MEILHARD, à Périgueux,

2 p. drap noir, ens. 90ᵐ., à f. 12, ci..	1.080, »				
26 d. 8 cravates deuil, pour 26 d.,					
à f. 7,20, ci..............	187,20				
1 p. alpaga, 63 m., à f. 2,90, ci..	182,70				
1 p. coutil gris, 77 m., à f. 2,10, ci.	161,70				
1 p. organsin, 35 k 65, s/esc., à f. 42,50	1.515,10	3126	70	7040	45

72 ——— *Du 29 décembre 1868.* ———

Vendu au comptant à divers,

		F.	C.	F.	C.
100 p. sucre de Nantes, ens. 1040 k., à f. 1,25		1300	»		
2 sacs trèfle incarnat, — 160 k., à f.. 0,80		128	»		
5 sacs pois cassés, — 400 k., à f.. 0,60		240	»		
2 sacs chènevis, — 150 k., à f.. 0,70		105	»	1773	»

73 ——— *Du 29 id.* ———

Payé à GANDY, à Limoges, les marchandises suivantes, achetées pour le compte de Latour, à Tulle :

		F.	C.	F.	C.
15 douz. gants de femme, mi-soie, peluchés, 3 fils, à f. 10, net.............	9,25	138	75		
7 douz. gants d'homme, couleur paille, à f. 18, net..................	16,80	117	60		
10 douz. paires de bas blancs, à côtes, à f. 11,80, net..................	10,75	107	50		
12 douz. vinaigre de Bully, à f. 14,60, net	13,50	162	»		
8 — savons d'Avelines, à f 4,65, net	3,90	·31	20		
10 — — des familles, à f. 3,90, net.	3,25	32	50		
TOTAL................		589	55		
Expédié ces marchandises à Latour, par le courrier de Tulle, pour la somme de.......				645	40
Soit un bénéfice de..................		55	85		

74 ——— *Du 30 id.* ———

Vendu aux suivants :
A M. DE VILLEVERS, à Limoges,

		F.	C.	F.	C.
1 sac trèfle nouveau, 80 k., à f. 1,30.	104, »				
2 p. toile de ménage, ens. 120 m. 30, à f. 2,20, ci..............	264,65	368	65		
A reporter...............		368	65		

	F.	C.	F.	C.
Report.....................	368	65		

A SALON, négociant à Limoges,
2 p. mérinos, ens. 116ᵐ, à f. 2,60, ci   301,60
1 b/ soie, trame de pays, 42 k. 5, à f. 58.   2.465, »

Ensemble............ 2.766,60				
Escompte 10 p. % sur f. 2.465... 246,50	2520	10	2888	75

Comme il n'est pas probable que je fasse beaucoup d'affaires avec ces deux clients, je les inscris au compte particulier de Divers.

75 ——— *Du 30 décembre 1868.* ———

La maison ARDANT & Cⁱᵉ, de Limoges, expédie les porcelaines que je lui achète pour le compte de Sirvain, à Paris, et ajoute à sa facture, s'élevant à 12.685 f., ma commission de 1 p. %, qu'elle me paie pour le compte de Sirvain, suivant l'autorisation de ce dernier, ci.

			126	85

76 ——— *Du 31 id.* ———

REDON, menuisier à Limoges, me remet 30 f., ce qui me rappelle que je lui en ai prêté 80 la semaine dernière, et m'explique le moins trouvé de 80 fr. dans ma caisse, le 27 du courant.

En conséquence je débite :

	F.	C.	F.	C.
Redon des 80 fr. que je lui ai prêtés........	80	»		
La caisse des 30 fr. que je reçois, ci.......	30	»	110	»

NOTA. — Le transport de cet article au Journal peut se faire en un seul article de Divers à Divers.

77 ——— *Du 31 id.* ———

Je paie les frais suivants :

Mon prélèvement pour dépenses domestiques
  dans le mois...................   143,50
Le trimestre de mon fils, au lycée...   192,60
Un mois des appointements de mon commis des
  marchandises...................   150, »
Un mois des appointements de mon
  chef de chai...................   120, »
Un mois des appointements de m/ garçon de magasin.................   70, »
Mes ports de lettres et menus frais...   27, »
Les journées des ouvriers que j'ai employés.....................   43,50

	F.	C.	F.	C.
	336	10		
	410	50	746	60

	F.	C.	F.	C.
78 —————— *Du 31 décembre 1868.* ——————				

Voulant faire mon inventaire, je porte en dépense deux mois de mon loyer, auquel j'ouvre un compte intitulé : LOYER A PAYER.... **400** »

Et j'inscris 2/12 de ma patente, que je n'ai pas encore payée, au crédit du percepteur. (Compte de Divers).................... **47 50**

Je porte le tout au débit des frais généraux, ci. | | | **447** | **50** |

79 —————— *Du 31 id.* ——————

Expédié à LAMBERT, à Angoulême, les marchandises suivantes, que j'ai achetées pour son compte à MM. Ardant et Cie, à Limoges :

18 douz. assiettes, porcelaine commune,
   à f. 3,25, vente................ 3,60   **64 80**

6 services à thé, porcelaine fine, à f. 30,
   vente......................... 32,50   **195** »

15 douz. tasses à café, porcel. ordin.,
   à f. 10,20, vente............... 11,40   **171** »

40 paires chandeliers porcelaine ,
   à f. 1,25, vente................ 1,60   **64** »

Il doit en outre l'emballage............. **7 50**

      Ensemble.................... **502 30**

Je paie A MM. ARDANT & Cie :

Le net de cette facture,........... 441,50   **449** »

A l'emballeur, ... 7,50

Bénéfice pour ma commission............. **53 30**   **502 30**

80 —————— *Du 31 id.* ——————

Je règle les comptes courants de mes correspondants, et je débite :

MM. GATINAUD, à Châteauroux,
Des intérêts qu'il me doit, ci............. **96 05**

MILHAC, banquier à Limoges,
Des intérêts en ma faveur, ci............. **192** »

ROUX, à Limoges,
Des intérêts qui me sont dus.............. **103 80**   **391 85**

Je crédite le compte de Lejeune, à Limoges,
Des intérêts que je lui dois, ci.............   **88 95**

81 —————— *Du 31 id.* ——————

Mes écritures, vérification faite, étant exactes,

	F.	C.	F.	C.
je procède à mon inventaire, que j'établis comme suit, après avoir compté 2 p. % de dépréciation sur le mobilier de mes magasins, ci			16	90
82 —— Du 31 *décembre* 1868. ——				
Je remets à M. de VILLEVERS, avocat à Limoges, une lettre circulaire de crédit de quinze mille francs, sur les maisons Lamarche, à Lyon, Laborde frères, à Nice, etc.				
Et je lui ouvrirai, le 1er janvier, un compte courant à 6 p. %, que je débiterai de 368 f. 65, qu'il me doit, valeur de ce jour.				

Les élèves devront transcrire les articles de la main courante dans les livres auxiliaires les plus usités dans le commerce et dans la petite industrie. Ainsi, ils feront figurer au livre d'achats les marchandises achetées, au livre de ventes, les marchandises vendues, au livre de magasin les achats et les ventes, au livre de caisse les mouvements de fonds, au livre des comptes courants, les opérations en compte courant, etc. etc.

INVENTAIRE SOUS SEING PRIVÉ PRESCRIT

INVENTAIRE présentant l'actif et le passif de la

ACTIF.

Caisse :
    Espèces en caisse........................   1650 35
Mobilier :
    Mobilier des magasins....................   828 50
Marchandises Générales :

MARCHANDISES EN MAGASIN,

1 sac café Bourbon, 112 kilos, à f. 2,80, ci....	313f.60	
2 — — Santa-Yago, ens. 172 k. à f. 2,75.....	473 »	
10 — pois cassés, — 800 k. — 0,50.....	400 »	
2 — chènevis, — 150 k. — 0,40.....	60 »	
3 tierçons huile de colza, — 288 k. — 0,96.....	276 50	
2 barriques de sucre de Bordeaux, — 900 k. — 7,18.....	1062 »	2585 10

VINS ET LIQUEURS :

5 barriques de vin de Libourne, 11 hect. 40 lit., à f. 52.	592 80	
15 — de vin d'Angoumois, 33 — » 16.	528 »	
14 — — Brantôme, 35 — » 17.	595 »	
300 bouteilles rhum et liqueurs, à f. 2,75.........	825 »	2540 80

NOUVEAUTÉS :

8 douzaines cravates fond blanc, à fr. 6,50	55 25	
5 pièces toile de ménage, ens. 250 mèt., à f. 1,75	437 50	
2 — drap d'Elbeuf, — 100 — 12,50	1250 »	
25 — rouennerie, — 1200 — 1,30	1560 »	
15 — calicot, — 750 — 0,55	412 50	
300 k. coton Louisiane, à f. 2,25.............	675 »	
1 b/ soie grége d'Espagne, 48 k. 6, à f. 32,50, ci.	1579 50	
1 b/ — Brousse, 35 k. 5, à f. 24. ci....	852 »	6821 75

EFFETS A RECEVOIR :

N° 115, sur Limoges, au 15 mars, ci...........	735 »	
— 117, — Châteauroux, au 5 avril, ci........	1285 »	
— 118, — Laval, au 31 janvier, ci...........	1245 »	3265 »
A reporter...........		17691 50

PAR L'ARTICLE 9 DU CODE DE COMMERCE.

Maison J. FERRET, au 31 décembre 1868.

PASSIF.

EFFETS A PAYER.

Effets en circulation :

N° 1, m/ billet ordre Haubert, 5 janvier.......	1457 80	
— 3, traite Jounaud, 5 janvier.......	1113 45	
— 4, — Lebon, 1 mars.........	736 85	
— 7, — Jounaud, 15 février.......	1500 »	
— 8, — — 5 avril........	1562 30	6370 40

CRÉANCIERS DIVERS.

BERTIN, à Lyon,		
Solde de son compte......................	4699 40	
LEJEUNE, à Limoges,		
Solde de son compte......................	20911 30	
ROUX, à Limoges,		
Solde de son compte.....................	4333 20	
VILLIERS, à Rouen,		
Solde de son compte....................	11398 30	41342 20
Loyer à payer,		
Deux mois de mon loyer		400 »
A reporter.....		48112 60

Report.........	17691	50
Loyer payé d'avance :		
Payé d'avance 6 mois de mon loyer..................	1200	»
DÉBITEURS DIVERS :		
LAMBERT, à Angoulême,		
Solde de son compte 502 30		
LATOUR, à Tulle,		
Solde de son compte 2461 35		
ROUIX, à Clermont,		
Solde de son compte....................... 3913 75		
GATINAUD, à Châteauroux,		
Solde de son compte....................... 1795 85		
MILHAC, à Limoges,		
Solde de son compte....................... 47373 70		
MEILHARD, à Périgueux,		
Solde de son compte....................... 3126 70		
DE VILLEVERS, à Limoges,		
Solde de son compte....................... 368 65		
SALON, à Limoges,		
Solde de son compte 2520 10		
REDON, à Limoges,		
Solde de son compte....................... 50 »	62112	40
TOTAL de l'Actif............	81003	90

| | Report.......... | 48112 | 60 |

Le Percepteur,

Les 2/12 de ma patente...... . . . . 47|50

D'où il résulte que mon actif net formant mon capital est de . . . . 32843|80

Total pour preuve... 81003|90

Certifié le présent inventaire sincère, et conforme à mes écritures, sauf erreur ou omission.

Limoges, le 31 décembre 1868.

J. FERRET.

TRANSPORT DE L'INVENTAIRE

AU LIVRE DES INVENTAIRES.

Avant de faire ce transport, le comptable, après avoir dressé sa balance de vérification, inscrit au crédit des comptes de marchandises, d'effets mobiliers, etc., le montant des marchandises et effets inventoriés; puis, balançant tous les comptes généraux dont les résultats présentent des bénéfices ou des pertes pour le commerçant, il transcrit, en deux articles, au livre des inventaires, les soldes résultant de ces balances, savoir :

Dans le 1er article, il débite les comptes présentant des bénéfices du montant de leurs soldes, et en crédite le compte de Profits et Pertes ;

Dans le 2e, il fait l'inverse, et solde le compte de Profits et Pertes par le crédit du compte de Capital. (1)

Si la gestion se soldait finalement par une perte, le comptable débiterait, dans le premier article, le compte Capital de cette perte finale. et le compte de Profits et Pertes se solderait naturellement dans le deuxième article.

Ce travail terminé, le comptable arrête et rouvre, par deux articles, au livre des Inventaires, les comptes qui figurent dans l'inventaire ci-dessus.

Dans le 1er article, il débite à nouveau les comptes qui figurent à l'Actif, et dans le 2e il crédite ceux qui figurent au Passif. — (*Voyez la Partie du Maître.*)

---

(1) Les sociétés en nom collectif, en commandite simple et en participation, n'ayant pas de compte de Capital, soldent, à l'inventaire, lorsqu'il y a bénéfice, le compte de Profits et Pertes par le crédit des comptes personnels des associés. S'il y a perte, elles débitent ces mêmes comptes personnels dans le 1er article d'inventaires du montant de la perte.

DES LIVRES AUXILIAIRES

EXERCICES PRÉPARATOIRES A LA TENUE DES LIVRES.

Le professeur doit se proposer ici de donner à ses élèves les connaissances préparatoires dont ils ont besoin, pour comprendre rapidement la tenue des livres qu'on leur enseignera l'année suivante.

Le Code de Commerce (articles 8 et 9) prescrit trois livres : le livre journal, le livre des inventaires et le livre-copie de lettres. Le législateur, en exigeant la tenue de ces registres, a voulu que le commerçant fût toujours prêt à fournir à la justice les éléments nécessaires pour qu'elle puisse toujours contrôler ses actes de commerce et établir ses comptes, tout en lui laissant le choix du mode de comptabilité. — Le commerçant entend par livres principaux, le journal, le livre des inventaires et le grand-livre ; les autres, qui sont plutôt du domaine de la comptabilité que de celui de la tenue des livres, s'appellent livres auxiliaires.

Les livres auxiliaires les plus usités dans le commerce sont : les livres d'achats, de ventes, de commissions, d'entrée et de sortie des marchandises, de caisse, d'enregistrement des effets à recevoir, d'enregistrement des effets à payer, les carnets d'échéances des effets à recevoir et des effets à payer, le livre-copie de lettres et son répertoire, etc.

Le professeur fera comprendre aux élèves l'utilité et la manière de tenir chacun de ces registres et les exercera à les établir eux-mêmes.

Il expliquera le bordereau d'escompte, le bordereau de rechange, et le compte de retraite, et habituera les élèves à dresser eux-mêmes ces divers comptes en leur proposant des exercices nombreux. (*Programme officiel de* 1866.) (1)

Il y a donc deux sortes de livres de comptabilité : les livres principaux et les livres accessoires ou auxiliaires.

Les livres principaux sont des registres dont la tenue est imposée par la loi aux commerçants et aux industriels, ou que le comptable ne peut se dispenser de tenir sans s'exposer à des erreurs.

Les livres auxiliaires sont des registres spécialement destinés à l'inscription des opérations de même nature, qu'on désire exposer avec plus de développement qu'on ne le fait ordinairement dans les livres principaux, dont la rédaction est très-concise.

On distingue deux sortes de livres auxiliaires : les livres auxiliaires ordinaires, et les livres auxiliaires spéciaux.

Des livres auxiliaires ordinaires.

Les livres auxiliaires ordinaires ont principalement pour objet :

Le contrôle du mouvement des marchandises, des denrées, des matières premières, des valeurs de portefeuille, des fonds employés (paiements et encaissements) ; l'enregistrement des échéances, des commissions, des salaires d'ouvriers et autres

---

(1) Voyez pages 1-14.

frais, des ouvertures de crédit et de comptes-courants, des règlements et arrêtés de comptes, etc.

Le nombre et la forme de ces livres varient selon l'étendue et le genre des renseignements qu'on désire conserver sur les opérations qui y sont inscrites. — Nous donnons ci-après les formules des livres accessoires ordinaires les plus usités dans le commerce. Les titres de ces livres et les exemplaires tirés du Brouillard que nous y consignons, en indiquent clairement la destination et la forme de rédaction, et, conséquemment, nous dispensent d'expliquer autrement la manière de les tenir.

Quant aux livres auxiliaires spéciaux, ce sont des sortes de grands livres auxiliaires, dans lesquels on ouvre une foule de comptes particuliers que l'on résume en quelques comptes généraux au Grand-Livre. L'étude de ces livres et de ceux des administrations financières sera l'objet d'un petit traité spécial.

1° DU LIVRE D'ACHATS. (¹)

Nos des factures	*Du 4 novembre 1868.*				
	AVOIR JOUNAUD, à Bordeaux, sa facture de ce jour, payable fin décembre prochain :				
	3 sacs café Martinique, ensemble 262 k. 5 h., à f. 2,60	682	50		
	2 — — Moka, — 170 k. » — 3,20	544	»		
	4 — — Bourbon, — 370 k. » — 2,80	1036	»		
	5 — — Myssore, — 435 k. » — 2,56	1113	60		
	5 — — Santa-Yago, — 430 k. » — 2,75	1182	50		
	TOTAL............	4558	60		
	Escompte 4 1/2 p. 0/0................	205	15	4.353	45

2° DU LIVRE DE VENTES. (¹)

Nos des factures	*Du 12 novembre 1868.*				
	DOIT LEBON, à Poitiers, ma facture de ce jour, payable comptant :				
	3 barriques de vin de Libourne, récolte de 1865, ensemble 6 hectol. 84 lit., à f. 65 l'hectol.......	444	60		
	75 bouteilles de vin de Bordeaux, à f. 1.25	93	75		
	TOTAL............	538	35		
	Escompte 6 p. 0/0..................	32	30	506	05

(1) En agriculture, ces deux livres n'en font qu'un. La première colonne, à droite, a pour titre, VENTES, et la deuxième, ACHATS. — Les dates s'y écrivent dans une grande colonne, à gauche.

3° DU LIVRE DE COMMISSIONS. (1)

Signes indicatifs (1)	NOMS des VENDEURS.	Numéros de référence		QUANTITÉS demandées.	EXTRAITS DES LETTRES DES COMMETTANTS ET RENSEIGNEMENTS NÉCESSAIRES.	PRIX			
		du commis-sionnaire.	du vendeur			de revient au commis-sionnaire		qu'il fait payer au com-mettant.	
					═══ Du 31 déc. 1868. ═══				
					LAMBERT, à Angoulême, paiera 7 k. 50 pour emballage; tirer au 31 janvier prochain.				
+	Ardant et C.	17	128	18	douz. assiettes, porcelaine commune......	3	25	3	60
+	—	25	157	6	services à thé, porcelaine fine.........	30	»	32	50
+	—	18	130	15	douz. tasses à café, porcelaine ordinaire ...	10	20	11	40
+	—	45	32	40	paires chandeliers porcelaine............	1	25	1	60

4° DU LIVRE DE MAGASIN, ou D'ENTRÉE ET DE SORTIE DES MARCHANDISES.

PREMIÈRE FORMULE.

DATES.		NUMÉROS DES FACTURES.			QUANTITÉS			
					ENTRÉES.		SORTIES.	
					pièces	Unités.	pièces	Unités.
1868 Novembre.	4	Facture n° 1.	—	Cafés........	19	1667	5	
	7	— » 3.	—	Sucre........	300	3120	»	
	10	— » 2.	—	Cafés........	»	»	»	»	12	»
	»	— » »	—	Sucre........	»	»	»	»	22	52

(1) Le signe (—) indique que les marchandises ont été demandées par le commissionnaire au fabricant ou au marchand en gros; le signe (+), qu'elles ont été livrées par ce dernier au commissionnaire. Ce livre a un répertoire.

DEUXIÈME FORMULE DU LIVRE D'ENTRÉE ET DE SORTIE DES MARCHANDISES. (1)

DOIVENT **MARCHANDISES GÉNÉRALES,** CAFÉS, ou SUCRES, ETC. *(Désigner l'espèce de Marchandises.)* *AVOIR*

| 1808 Novembre | 4 | Facture n° 1 | — | Cafés .... | 19 s. | 1667 k. | 5 |
| | 7 | — « 3. | | Sucre .... | 300 p. | 3120 | |

| 1808 Novembre | 10 | Facture n° 2 | — | Cafés .... | » | 12 | » |
| | » | — « » | — | Sucre .... | » | 22 | 52 |

TROISIÈME FORMULE DU LIVRE D'ENTRÉE ET DE SORTIE DES *(Nom des Marchandises).* (1)

ENTRÉE.

DATES des ENTRÉES. 1	NOM du VENDEUR ou du COMMISSIONNAIRE. 2	Son DOMICILE. 3	NATURE des MARCHANDISES. 4	QUANTITÉS reçues. Pièces, etc. 5	Unités. 6	PRIX. 7	OBSERVATIONS. 8
1808 Novembre. 4	JOUNAUD.	Bordeaux	Café Martinique	3	262 k. 5	2	60	
Novembre. 4	JOUNAUD.	Bordeaux.	Café Moka.	2	170 »	3	20	
Novembre. 4	JOUNAUD.	Bordeaux.	Café Bourbon.	4	370 »	2	80	

SORTIE.

DATES des SORTIES. 9		Pièces, Caisses, etc. 10	UNITÉS en détail. 11	en totalité. 12	PRIX. 13		NOM de L'ACHETEUR ou du CONSIGNATAIRE. 14	Son DOMICILE. 15	OBSERVATIONS 16
1808 Novembre	10	»	4 k.	»	3	»	Roux.	Limoges.	
»	18	2	171	» 262 6	2	80	Gatinaud.	Châteauroux	
Décembre	24	1	87	5	2	80	Lejeune.	Limoges.	
Novembre	1er	»	2	»	3	80	Roux.	Limoges.	
»	18	1	85	» 170	3	60	Gatinaud.	Châteauroux	
Décembre	24	1	83	»	3	60	Lejeune.	Limoges.	
Novembre	10	»	3	»	3	20	Roux.	Limoges.	
»	18	2	135	»	3	10	Gatinaud.	Châteauroux	
Décembre	24	1	120	»	3	10	Lejeune.	Limoges.	

(1) La tenue de ce livre n'est possible que dans les maisons de gros. Il est d'une grande utilité en agriculture et dans l'industrie, où il se divise en plusieurs volumes, dont la réglure varie selon la nature des denrées ou des marchandises qu'on y inscrit.

5° DU LIVRE DE CAISSE. (1)

DOIT — CAISSE. — CAISSE. — *AVOIR*

1868			DOIT		1868			AVOIR	
Novembre.	2	Versé dans ma caisse..........................	16.000	»	Novembre.	3	Versé à la caisse de Milhac......................	9.000	»
						5	Acheté 7 stères de bois payés comptant.............	84	»
						»	Payé d'avance 6 mois de mon loyer................	1.200	»
						6	Prélevé pour dépenses domestiques.................	124	09
						7	Payé le Bordereau de Béal......................	2.585	00
						»	Payé à divers...............................	2.144	20
							BALANCE...........................	862	11
			16.000	»				16.000	»
Novembre.	8	Solde en caisse.............................	862	11	Novembre.	8	Payé le mémoire de Bedon...................	275	»
	»	Reçu de Gatinaud, à Châteauroux................	350	»			Etc., etc.		
		Etc., etc.							

6° DU LIVRE D'ENREGISTREMENT DES EFFETS A RECEVOIR.

DATES de l'entrée DES EFFETS.	Nos d'ordre.	NATURE des EFFETS.	NOMS des CÉDANTS.	Leurs DOMICILES.	DATES des EFFETS.	TIREURS des Traites, ou Bénéficiaires des Billets.	Leurs DOMICILES.	NOM du premier endosseur ou ordre.	TIRÉS ou souscripteurs.	LIEUX de PAIEMENT.	ÉCHÉANCES.	montant des EFFETS.		cessionnaires	DATES de LA SORTIE.	OBSERVATIONS.
1868 Novembre 7	101	Traite.	Réal.	Limoges.	Septemb 15	Lombard.	Tulle.	Réal.	Bontant.	Guéret.	Décembr 15	1275	»	Milhac.	Novembr 23	
»	102	Billet.	id.	Id.	» 30	Réal.	Limoges.	id.	Ledoux	Nantes.	» 25	2150	»	id.	» »	
»	103	Billet.	id.	id.	Octobre 31	id.	id.	id.	Darpon.	Bordeaux.	» 31	1500	»	Jounaud.	Novembr 20	Remis
»	104	Traite.	id.	id.	Novembr 7	id.	id.	Moi.	Jounaud.	id.	» »	1710	»	id.	» 20	en règlement.
15	105	Etc., etc.														

(1) Ce livre n'est pas nécessaire aux maisons qui n'ont pas à y consigner de grands mouvements de numéraire, et qui ont un compte général de caisse au grand-livre.

7º DU LIVRE D'ENREGISTREMENT DES EFFETS A PAYER. (1)

DATES des SOUSCRIPTIONS ou des ACCEPTATIONS.	Nos D'ORDRE.	NATURE des EFFETS.	NOMS des TIREURS ou des BÉNÉFICIAIRES.	ÉCHÉANCES.		MONTANT des EFFETS.		OBSERVATIONS.
1868 Novembre 7	1	Billet.	Haubert.	Janvier.	5	1457	80	
15	2	id.	Haubert.	Décembre.	6	1500	»	Acquitté.
20	3	Traite.	Jounaud.	Janvier.	5	1113	45	

8º DU CARNET D'ÉCHÉANCES DES EFFETS A RECEVOIR. (2)

DATES des SOUSCRIPTIONS ou des ACCEPTATIONS.	Nos D'ORDRE.	CÉDANTS.	SOUSCRIPTEURS ou ACCEPTEURS.	LIEUX de PAIEMENT.	ÉCHÉAN-CES.	MONTANT des EFFETS.		OBSERVATIONS.
				Effets à recevoir au mois de novembre 1868.				
				Effets à recevoir au mois de décembre 1868.				
Septembre 15	101	Réal.	Bontant.	Guéret.	15	1275	»	
				Effets à recevoir au mois de janvier 1869.				
Novembre 18	106	Gatinaud.	Réal.	Limoges.	15	575	80	

(1) Ce livre, dans lequel on inscrit toutes les espèces d'engagements, est indispensable. On peut le remplacer par un agenda, ou par le carnet des échéances.

(2) Ce livre n'est pas indispensable ; dans les grandes maisons mêmes, on le remplace souvent par un portefeuille à douze ou à vingt-quatre poches portant le nom de chaque mois de l'année.

9° DU CARNET D'ÉCHÉANCES DES EFFETS A PAYER.

DATES des ENGAGEMENTS.	Nos D'ORDRE.	NATURE des EFFETS.	TIREURS ou BÉNÉFICIAIRES.	ÉCHÉANCES	MONTANT des EFFETS.		OBSERVATIONS.
Effets à payer au mois de décembre 1868.							
Novembre. 15	2	Billet.	Haubert.	6	1500	»	Acquitté.
Effets à payer au mois de janvier 1869.							
Novembre. 7	1	Billet.	Haubert	5	1457	80	
» 20	3	Traite.	Jounaud.	5	1113	45	

10° DU LIVRE DE RENTE OU DE PAYE.

2ᵉ QUINZAINE DE DÉCEMBRE 1868.

ÉMARGEMENTS	NOMS des OUVRIERS.	NOMBRES DE JOURNÉES						TOTAUX des JOURNÉES	PRIX de la JOURNÉE.		TOTAUX		A-COMPTES PAYÉS.	
		26	27	28	29	30	31							
Gendraud/	Gendraud.	1	»	1	1	3/4	1	4 3/4	2	80	13	0	»	»
Orlier/	Orlier.	1	»	1	1	1	»	4	2	50	10	»	»	»
+ Payé.	Sivron.	1	»	»	1	1/4	1	3 1/4	2	40	7	80	»	»
+ Payé.	Tarlier.	1	»	»	1	»	2/3	2 2/3	1	85	4	90	»	»
Voisin/	Voisin.	1	»	1	1	»	»	3	2	50	7	50	»	»
								TOTAL.			43	50		

14e DU LIVRE D'EXPÉDITIONS.

RÉCÉPISSÉS DES CHARGEMENTS.	INDICATION DES MARCHANDISES REMISES AUX COMPAGNIES DE TRANSPORT.
Par Procuration : LAROCHE, comptable.	——— Du 12 novembre 1868. ——— Remis à M. DUPERRON, commissionnaire de roulage, à Limoges, pour être transporté chez M. LEBON, à Poitiers, rue........., nᵒ...., le 17 du courant, ce qui suit : E. F. Nᵒ 327-329. Trois barriques de vin rouge ; P. S. Nᵒ 84. Une caisse contenant 75 bouteilles de vin de Bordeaux.

15e MODÈLE DE LIVRE

DOIT   GATINAUD, à Châteauroux, s/ c/c et d'intérêts à 5 p. % l'an,

DATES D'ENTRÉE.	VALEURS REMISES		NATURE DES REMISES.	Changes et Commissions.	ÉCHÉANCES.	JOURS.	NOMBRES ou INTÉRÊTS partiels.
	TOTAL.	DÉTAIL.					
1868 Décembre. 16	9.107 30	7.000 "	Solde ancien...........	"	2 nov.	Époque.	»
		2.107 30	Ma facture...........	"	15 mars	133	288.250 »
18	1.460 "	» "	Sur Orléans.......	"	25 déc.	53	77.380 »
	96 03	» "	Intérêts, et bal. des nomb.	"	......	......	691.568 »
	10 723 35						1.057.198 »
Janvier. 1	1.795 85		Solde à nouveau.				

12o DU LIVRE DES BALANCES ou SOLDES. (1)

BALANCE DE VÉRIFICATION AU 31 DÉCEMBRE 1868.

Folios du Grand-Livre.	COMPTES OUVERTS au GRAND-LIVRE.	TOTAUX des mois antérieurs.		TOTAUX du mois de décembre.		TOTAUX des mois écoulés.		TOTAUX des soldes.	
		DOIT.	AVOIR.	DOIT.	AVOIR.	DOIT.	AVOIR.	DOIT.	AVOIR.
2	Caisse........	19053 85	16577 90	21236 00	22074 20	40302 45	38652 10	1650 35	»
12	Latour, à Tulle.	1320 30	1860 »	3301 05	» »	4321 35	1860 »	2461 35	» »
»	Bertin........	» »	» »	» »	4699 40	» »	4699 40	» »	4699 40
	Etc., etc.								
	Totaux (2)..	»	»	»	»	»	»	»	»

DES COMPTES COURANTS.

chez J. FERRET, à Limoges, réglé le 31 décembre 1868.   **AVOIR**

DATES D'ENTRÉE.	VALEURS REMISES		NATURE DES REMISES.	Changes et Commissions.	ÉCHÉANCES.	JOURS.	NOMBRES ou INTÉRÊTS partiels.
	TOTAL.	DÉTAIL.					
1868		3875 "	Sur Paris.........	"	1 avril.	150	581.250 »
Décembre. 21	8.927 50	1285 "	" Châteauroux	"	5 id.	154	197.890 »
		2100 "	Espèces...........	"	21 déc	49	117.600 »
		1367 50	Son virement sur Lejeune	"	16 id.	44	60.170 »
			N/s/1000 f.80, bal. des capit.	"	......	59	100 288 »
	1.795 85	» "	Solde débiteur.				
	10.723 35						1.057.198 »

(1) La balance d'inventaire contient, en outre, à droite, deux doubles colonnes de francs et centimes, l'une pour les articles d'inventaire, l'autre pour le bilan lui-même. — (2) Les totaux doivent être égaux deux à deux, parce que, quand on débite un compte, on en crédite un ou plusieurs autres de la même somme.

DES COMPTES.

DÉBIT, CRÉDIT, BALANCE, SOLDE.

Un compte est un état de situation établi par l'inscription dans un livre de toutes les opérations faites, pendant un certain temps,

Soit avec une seule personne ou une seule maison, sur des objets ou des choses d'espèce quelconque,

Soit avec plusieurs personnes, sur des choses de la même espèce.

Chaque compte se compose de deux parties : le débit et le crédit ou le Doit et l'Avoir du compte, que l'on écrit sur deux pages en regard l'une de l'autre, ou sur une seule page divisée en deux par une double ligne verticale.

Le débit est la partie du compte dans laquelle on inscrit toutes les sommes, toutes les valeurs, en un mot, toutes les choses qu'on a payées ou qu'on a remises à la personne qui est dénommée dans le compte. Il s'établit sur la page de gauche, et porte, en tête, sur la ligne du titre, le mot *DOIT*, écrit en gros caractères.

Le crédit est l'autre partie du compte, dans laquelle on inscrit toutes les choses, toutes les sommes et valeurs qu'on a reçues de celui à qui le compte est ouvert. Il porte, à l'extrémité de la ligne du titre, le mot *AVOIR*, également écrit en gros caractères.

On appelle balance ou solde la différence qu'il y a entre le débit et le crédit d'un compte. Ainsi la balance ou le solde du compte de Gatinaud est de 1795 fr. 85 c. — On donne le nom de solde débiteur à l'excédant du débit sur le crédit, et le nom de solde créditeur, à celui du crédit sur le débit, et cela parce qu'on appelle débiteur celui qui doit, et créditeur ou créancier, celui à qui il est dû.

Débiter, Créditer, Balancer ou Solder un compte.

Débiter un compte, c'est inscrire au débit de ce compte le prix des choses fournies ou le montant des sommes payées à la personne à qui le compte est ouvert. De même, créditer un compte, c'est porter au crédit de ce compte le montant des choses qu'on reçoit de celui qui est l'objet de ce compte.

Balancer ou solder un compte, c'est en additionner séparément le débit et le crédit, et en porter le solde, s'il y a lieu, du côté dont le montant est le plus faible.

DES COMPTES COURANTS.

On appelle compte courant tout compte que deux commerçants en relation d'affaires tiennent de leur Doit et Avoir mutuels, et qu'ils règlent périodiquement.

Toute personne capable (1), commerçante ou non, peut être en compte courant avec un banquier ou tout autre commerçant ; mais les opérations qu'elle fait ainsi sont des actes de commerce, quelle que soit, d'ailleurs, la nature ou l'origine des sommes et valeurs qui font l'objet du compte courant.

Toutefois le solde d'un compte courant ne se prescrit que par trente ans, lors même qu'il se compose d'effets de commerce se prescrivant par cinq ans.

---

(1) Sont incapables les interdits, ceux qui sont assistés d'un conseil judiciaire, les femmes mariées et les mineurs ; mais les femmes mariées et les mineurs émancipés peuvent être autorisés à faire des actes de commerce. — (Art. 2-7 C. Comm. ; 487-513 C. N. ; 840-897 C. Pr. civ. ; voir encore art. 457-459, 477-481, 1308 C. N.)

La dette par compte courant emporte la constitution d'une hypothèque éventuelle, et le débiteur qui en aurait mis le montant en dépôt, même chez un notaire, peut être réputé ne l'avoir pas tenu à la disposition de son créancier, et être condamné comme rétentionnaire. Mais il n'en est pas ainsi dans la réciproque : car, en principe, le débiteur par compte courant accepté par son créancier ne peut être réputé rétentionnaire, lors même qu'il aurait négligé de déposer les fonds de ce dernier frappé de séquestre.

En général, les comptes courants entre négociants pour faits de négoce ne sont pas productifs d'intérêts ; mais il importe, dans ce cas, d'y bien établir cette condition, parce que toutes les remises en effets de commerce et en espèces qui figurent dans un compte-courant, portent intérêts de plein droit, s'il n'y a convention contraire. Il en est de même des soldes : ils sont productifs d'intérêts comme les créances originaires.

DES MÉTHODES DE COMPTES COURANTS.

Du calcul des intérêts dans le règlement des comptes courants.

Il y a deux manières de régler les intérêts dans les comptes courants : le système français et le système hanséatique, ou méthode hambourgeoise, ainsi appelée parce qu'elle a été imaginée à Hambourg, dit-on.

Chacun de ces systèmes comprend deux méthodes : la méthode ancienne et la méthode dite nouvelle, bien qu'elle compte déjà plus d'un siècle d'existence. Les deux systèmes ne diffèrent, d'ailleurs, que dans la manière de régler et d'arrêter les comptes ; car la supputation des intérêts est basée, dans toutes les méthodes, sur le même principe, à savoir que

Toutes les valeurs remises ou reçues par les ayant-compte

ne sont productives d'intérêts qu'à dater du jour où elles ont été réalisées en espèces, ou d'un délai de ce jour fixé par les parties.

Ajoutons que, quelle que soit la méthode qu'on suive, les jours se comptent, d'une date à une autre, de la même manière, et que les intérêts se calculent toujours par les parties aliquotes ou par les nombres:

Manière de compter les jours d'une date à une autre.

Dans toutes les métodes de calcul des intérêts, les jours se comptent, d'une date à une autre, comme dans le calendrier, en négligeant le jour de la date du point de départ, et en tenant compte du jour de celle de l'échéance. C'est ainsi qu'on trouve que du 2 novembre au 31 décembre, il y a 59 jours : 28 pour novembre et 31 pour décembre, comme on trouverait que du 2 au 3 du même mois, il n'y a qu'un jour.

Mais, pour faciliter les calculs, on divise les produits des capitaux, du taux, et du temps exprimé en jours, par 100 et par 360, au lieu de 365, ou par 36.000, au lieu de 36.500.

Méthode des parties aliquotes.

La méthode des parties aliquotes consiste à multiplier le capital ou la remise par le taux d'intérêt, et par le temps exprimé en jours, et à diviser le produit de ces multiplications par 36.000, ce qui donne l'intérêt de chaque remise, ou les intérêts ou escomptes partiels des remises qui composent un bordereau.

Méthode des nombres ou des diviseurs.

On appelle nombre, en comptabilité, le produit du capital multiplié par le temps exprimé en jours ; et l'on donne le nom de diviseur au quotient de 36.000 divisé par le taux.

Comme nous l'avons déjà dit, la méthode des nombres consiste à diviser, soit chaque nombre, soit le total des nombres d'un bordereau, par le diviseur correspondant au **taux** de l'intérêt.

Le résultat qu'on obtient ainsi est le même que celui qu'on obtiendrait par la méthode des parties aliquotes.

En effet, le quotient d'un nombre divisé par 6000, par exemple, est le même que celui qu'on obtiendrait si, après avoir multiplié ce nombre par 6, on en divisait le produit par un autre nombre 6 fois plus fort que 6000, ou par 36.000 : car on peut toujours multiplier ou diviser les deux termes d'une division par un même nombre sans en changer le quotient.

Nous engageons les élèves à faire un tableau des diviseurs correspondant aux taux sous-multiples de 36.000, depuis 0, fr. 25 p. 0/0 jusqu'au moins à 6 p. 0/0. Ce tableau se composera de doubles colonnes dans lesquelles chaque diviseur sera écrit en regard du taux auquel il correspond. Ils feront bien de dresser également un petit calendrier, qui leur fournisse le moyen de trouver rapidement le nombre de jours qu'il y a d'une date à une autre date. Rien ne forme mieux le goût au calcul que les exercices de ce genre. Aussi n'en donnons-nous pas les modèles, afin de laisser à nos jeunes lecteurs le plaisir de les faire eux-mêmes.

SYSTÈME FRANÇAIS.

Méthode nouvelle, indirecte, rétrograde,
ou de la Banque.

La méthode nouvelle consiste à calculer l'escompte qui reviendrait au débiteur par compte courant, pour chaque remise qu'il a reçue de son ayant-compte, s'il avait escompté cette remise le jour de l'ouverture du compte.

Elle a pour but de ramener ainsi toutes les remises du Doit et de l'Avoir à produire des intérêts, à partir de l'époque de l'ouverture du compte; de sorte que, lors du règlement, on n'a plus qu'à compter les intérêts de la différence ou balance des remises, pour les ajouter aux escomptes que doit le débiteur de cette différence ou balance.

Quant à l'époque de l'ouverture du compte, elle date du jour où s'est faite la première réalisation en espèces, s'il n'y a convention contraire entre les parties ; elle est toujours indiquée par le mot ÉPOQUE, écrit dans la colonne des nombres, sur la ligne de la première réalisation en espèces qui n'est pas soumise à l'escompte.

Cette méthode est appelée indirecte, parce qu'elle permet de régler les comptes courants sans calculer directement les intérêts dus au cédant pour chaque remise faite à son ayant-compte. On lui donne aussi le nom de rétrograde, parce qu'elle fait remonter le calcul des jours à l'époque de l'ouverture du compte, au lieu de le faire partir de la date de la remise, comme dans le bordereau d'escompte, ou de celle de l'échéance ou réalisation de la remise en espèces, comme dans la méthode ancienne.

Enfin, on l'appelle encore méthode de la Banque, parce qu'elle est, aujourd'hui, la plus en usage dans les maisons de banque.

La méthode nouvelle présente deux avantages que n'offre point la méthode ancienne : elle débarrasse du calcul des nombres rouges, et permet au comptable de préparer d'avance le calcul ces intérêts, lors même qu'il ignore l'époque à laquelle il devra les arrêter. Ce dernier avantage est un argument qui nous dispense de justifier la préférence dont cette méthode est l'objet.

Manière de calculer les intérêts par la Méthode de la Banque.

1° On multiplie chaque remise par le nombre de jours qu'il y a de l'époque de l'ouverture du compte à celle de l'échéance de la remise, absolument comme on le ferait pour en calculer l'escompte, à cette première époque, s'il y avait lieu ;

2° Le jour de l'arrêté du compte, on additionne séparément, sur une feuille volante, les remises du Doit et celles de l'Avoir ; on fait la différence des deux totaux, et, multipliant cette différence par le nombre de jours qu'il y a de l'ouverture du compte à l'époque du règlement, on en écrit le résultat, sous le titre suivant, dans la colonne des nombres, du côté où se trouve le plus faible total des remises : N/ sur fr..... .., BALANCE DES CAPITAUX.......

3° On additionne séparément, sur une feuille à part, les nombres du Doit et ceux de l'Avoir, et l'on en fait la différence, que l'on porte, en ces termes, dans la colonne des nombres dont le total est le plus faible : INTÉRÊTS ET BALANCE DES NOMBRES.

4° Enfin, on écrit, dans la colonne des remises, l'intérêt produit par le nombre de la balance, et, faisant de nouveau la balance des remises, on en porte le solde du côté des remises les plus faibles, sous le titre de SOLDE A NOUVEAU.

On fait ensuite tous les totaux, qu'on souligne par un double trait, et le compte se trouve ainsi arrêté. Pour le rouvrir, il suffit de reporter le solde au-dessous du double trait, du côté des remises les plus élevées, et d'écrire dans la colonne des désignations : SOLDE ANCIEN.

La méthode nouvelle consiste donc, comme nous l'avons dit plus haut :

1° A calculer d'abord l'escompte des remises, afin de les ramener toutes à la même échéance, c'est-à-dire, afin de les rendre toutes productives d'intérêts à dater de l'époque de l'ouverture du compte, ou de celle à laquelle remonte la plus ancienne réalisation en espèces ;

2° A compter ensuite, lors du règlement, l'intérêt de la différence des remises, pour l'ajouter au montant des escomptes dus par le débiteur de cette différence de remises.

Or, remarquons-le bien, du moment où les remises sont ramenées, par l'escompte, à produire des intérêts, à dater d'une même époque, il est évident que les escomptes que représentent les nombres doivent être supportés par le cédant de ces remises, qui ne saurait équitablement recevoir deux fois les intérêts des mêmes sommes ; conséquemment, les nombres ou les intérêts partiels du Doit sont dus par le créancier, et ceux de l'Avoir, par le débiteur; donc, pour que l'intérêt de la différence des capitaux ou remises soit additionné avec les escomptes que doit le débiteur de cette différence, il faut que les nombres qui représentent ledit intérêt, soient inscrits dans la colonne des nombres de l'Avoir, lorsque les remises du Doit excèdent celles de l'Avoir, et réciproquement. Ce qui revient bien à dire que,

Pour arrêter un compte courant par la méthode de la Banque, lorsque les escomptes des remises sont calculés, il faut d'abord porter le nombre qui représente l'intérêt de la différence des remises dans la colonne des nombres de la partie du compte où se trouve le plus faible total de capitaux, et écrire ensuite l'intérêt de la balance des nombres dans la colonne des remises de la partie du compte où se trouve aussi le plus faible total de nombres ou d'escomptes partiels.

Ainsi, dans l'exemple donné plus haut (1er modèle d'un compte courant), après avoir calculé, par la méthode des nombres, les escomptes des remises à échéances postérieures à la première réalisation (2 novembre), nous avons multiplié le solde débiteur des remises, 1699 fr. 80 c., par 59, nombre

de jours qu'il y a du 2 novembre au 31 décembre; nous en
avons porté le résultat, 100,288, à l'Avoir ; puis, faisant
la balance des nombres, nous avons trouvé un solde créditeur
de 691,568, que nous avons inscrit au débit des nombres,
sous le titre de : Intérêts et Balance des nombres. Enfin,
divisant ce solde, 691,568, par 7200, diviseur correspondant
au taux 5 p. 0/0, nous en avons écrit le quotient, 96 fr. 05 c.,
dans la colonne des remises (à gauche), et nous avons porté le
solde débiteur des capitaux à l'Avoir, afin de solder le compte
pour l'arrêter.

Nous avons opéré de même dans le 2ᵉ tableau, où le même
compte est réglé par la méthode des parties aliquotes.

De la Méthode ancienne ou directe.

La Méthode directe ou ancienne consiste à calculer directement les intérêts réciproquement dus par les ayants-compte à
l'époque du règlement. Il peut se présenter, dans cette méthode. trois cas d'échéances : « échéances antérieures à l'époque
de l'arrêté de compte, arrivant le jour même de l'arrêté du
compte, postérieures au règlement du compte. » (*Programme
officiel*, p. 95.)

1ᵉʳ Cas. — Lorsque l'échéance de la remise arrive avant
l'époque du règlement du compte, on multiplie la remise par
le nombre de jours écoulés depuis l'échéance, et on en porte
le résultat dans la colonne des nombres.

2ᵉ Cas. — Si l'échéance tombe le jour de l'arrêté du compte,
il n'y a aucune opération à faire ; on écrit le mot *époque* dans
la colonne des nombres.

3ᵉ Cas. — Quand l'échéance est postérieure au règlement
du compte, on multiplie la remise par le nombre de jours à
à courir de l'époque du règlement à celle de l'échéance, et l'on
en écrit le résultat à l'encre rouge, parce qu'il exprime, comme
les nombres de la méthode de la Banque, l'intérêt dû par le

cédant, et que, par conséquent, il ne doit pas être additionné avec les nombres noirs.

Arrêté du Compte. — Pour arrêter le compte, on fait la balance des nombres rouges, et l'on en porte le solde, à l'encre noire, du côté du compte où se trouve le total le plus faible des nombres rouges; puis, après avoir fait de même la balance des nombres noirs, on porte l'intérêt du solde dans la colonne des remises, du côté où se trouve le total des nombres le plus *fort*.

Ainsi, en réglant le compte de Gatinaud par cette méthode, on trouve :

Total des nombres rouges du crédit..........................	474.700
Id. id. id. du débit	160.380
Balance des nombres rouges (à porter au débit)..............	314.320
Total des nombres noirs du débit (y compris le solde des n/ rouges).	736.080
Id. id. id. du crédit	44.512
Balance des nombres (au crédit)...........................	691.568

Divisant 691.568 par 7200, on trouve que l'excédant des intérêts est 96 fr. 05 c., que l'on porte au débit de Gatinaud, comme dans la méthode de la Banque, avec cette indication : Intérêts sur N/ 691.568. (1)

Du cas où le taux de l'intérêt n'est pas le même pour les deux ayants-compte.

Si, comme cela arrive souvent, le taux de l'intérêt n'est pas le même pour les deux ayants-compte, on calcule séparément les intérêts du Débit et du Crédit, et l'on inscrit les résultats dans les colonnes des remises de qui de droit.

Ainsi, supposons que le taux de l'intérêt, dans le compte

---

(1) Nous ne parlerons pas ici de la méthode hambourgeoise, qu'on trouvera dans la Partie du Maître.

ci-dessus, soit de 5 p. 0/0 en faveur de Ferret, et de 4 p. 0/0 en faveur de Gatinaud. Ces conditions admises, le compte se règle de la manière suivante :

On calcule d'abord les escomptes par la méthode de la banque, puis,

1° On multiplie le total des remises du débit, 10.627 f. 30 c., par 59, nombre de jours qu'il y a de l'époque de l'ouverture à celle du règlement du compte, et l'on en écrit le produit 627.010, dans la colonne des nombres du crédit, à la suite de cette mention :

N/ sur fr. 10.627,30, tot. des cap. du déb.;

2° On multiplie de même, par 59, le total des remises du Crédit, 8.927 f. 50, et l'on en inscrit le résultat, 526,722, dans la colonne des nombres du débit, avec cette mention :

N/ sur fr. 8.927,50, tot. des cap. du créd.;

3° On divise le total des nombres du Crédit, 1.583.920, par 7200, diviseur fixe correspondant à 5 p. 0/0, et l'on trouve 219 f. 98 c., ou 220 fr., que l'on inscrit au débit de Gatinaud, sous ce titre :

Intérêts sur N/ 1.583.910 du créd. ;

4° On divise 892.352, total des nombres du débit, par 9.000, diviseur fixe correspondant au taux 4 p. 0/0, et l'on écrit le résultat, 99 f. 15 c., au crédit de Gatinaud, expliquant ainsi cette inscription :

Intérêts sur N/ 892.352 du déb. ;

5° Enfin, on balance les nombres et les capitaux, et le compte se trouve arrêté.

Le calcul des intérêts par les parties aliquotes ne changerait point, d'ailleurs, la manière de procéder.

Mais on n'obtiendrait pas les mêmes résultats en réglant le compte par la méthode ancienne, parce que, — dans cette méthode, les escomptes n'étant représentés qu'en partie, par les nombres rouges, — on perdrait, en suivant ce système, le bénéfice de la différence des taux sur la partie des escomptes dont la méthode directe ne tient pas compte.

Nous ne saurions trop conseiller aux élèves de faire beaucoup de comptes courants par les deux méthodes. Les exercices que nous proposons, dans ce petit livre, peuvent, d'ailleurs, tenir lieu d'arithmétique usuelle, et remplacer, dans les meilleures écoles primaires, la plupart des cours pratiques de dessin linéaire. Nous sommes persuadé, du reste, que les enfants qui se livreront avec goût à ces exercices, sauront, après une année d'études (outre la tenue des livres) plus de calcul et de dessin que n'en savent ordinairement les élèves les plus intelligents, à leur sortie de l'école, ou des classes de grammaire.

COMPTABILITÉ. — TENUE DES LIVRES.

Combiner une opération, en calculer les résultats probables, apprécier les moyens dont on dispose, prévoir la quantité de capitaux qu'elle exige, les circonstances au milieu desquelles elle pourra se mouvoir, le temps qu'elle devra durer, organiser les écritures, etc., c'est faire de la comptabilité. La comptabilité est donc la science qui conçoit, exécute ou fait exécuter, c'est-à-dire la science des combinaisons appliquée aux affaires. Tenir des livres, c'est écrire avec méthode, avec exactitude, avec art, les opérations faites par une maison de commerce, afin d'en conserver le souvenir. Il suffit donc qu'un teneur de livres soit un homme d'ordre, de précision et de classement, tandis qu'un comptable doit être à la fois administrateur, économiste (1) et financier (2). — *(Programme du 6 avril 1866, 4ᵉ année d'enseignement spécial.)*

Comme on le voit par ce qui précède,

La comptabilité est l'ensemble des connaissances nécessaires aux hommes préposés à l'organisation et à la tenue des comptes des administrations financières et des établissements commerciaux, industriels et agricoles.

La tenue des livres est l'art de tenir, avec méthode, les

---

(1) L'économiste est celui qui s'occupe d'économie politique, c'est-à-dire de la science des lois et des principes relatifs à la production, à la distribution et à la consommation des richesses. Par ses investigations sur les questions de l'ordre des intérêts matériels, l'économiste digne de ce titre apporte, aux gouvernements et aux hommes de bien, un puissant concours dans leur grande œuvre de l'élévation physique, morale et intellectuelle des classes pauvres.

(2) Le financier est celui qui s'occupe d'opérations de banque, qui entend le maniement des finances.

écritures d'une maison ; c'est l'application des règles de la comptabilité à l'inscription dans les livres, et spécialement au journal, au grand livre et au livre des inventaires, — de toutes les affaires qui font l'objet des comptes d'un établissement quelconque.

La tenue des livres n'est donc qu'une partie de la comptabilité : c'est un art, et la comptabilité est une science.

Des méthodes de tenue de Livres.

Il y a deux modes de tenue de livres : la tenue des livres en partie simple, ou en partie mixte, et la tenue des livres en partie double. Mais « la partie simple et la partie mixte sont « des systèmes insuffisants et incomplets qui ne présentent « aucun moyen de contrôle, » (1) et qui ne méritent pas le titre de méthode.

De la tenue des Livres en partie simple et en partie mixte.

La tenue des livres en partie simple consiste à ne débiter ou à ne créditer au journal que les personnes avec lesquelles on fait des affaires à terme, c'est-à-dire à crédit, et à n'ouvrir de comptes au grand livre, qu'à ces mêmes personnes ; de sorte que les affaires qu'on fait argent comptant, en échange, ou qui sont réglées à l'aide d'effets de commerce ou par vire-ment, ne figurent point au grand livre, et ne sont inscrites au journal que sous forme de notes, comme au brouillard.

Toutefois, on a imaginé de personnifier certaines parties des affaires, et d'ouvrir, au grand livre, des comptes aux espèces sous le titre de Caisse, aux valeurs de portefeuille, sous celui d'Effets à Recevoir, etc., comme en partie double. Mais cette

---

(1) Programme de 3e année d'enseignement secondaire spécial, 6 avril 1866.

innovation, à laquelle on donne le nom de partie mixte, —parce qu'elle tient le milieu entre la partie simple et la partie double, — est encore incomplète : elle ne fournit pas de moyens suffisants de contrôle, et le chef de maison ne peut guère mieux se faire, par ce système que par la partie simple, une idée exacte de la situation de ses affaires, sans de longues recherches, et de nombreux calculs.

Ce qu'il faut à un chef de maison, c'est une comptabilité qui lui permette de contrôler facilement ses écritures, et de connaître en un instant, quand il le veut, son état de situation. Or, la tenue de livres en partie double présente seule ce double avantage. On se tromperait, d'ailleurs, singulièrement, si l'on croyait que les termes *simple* et *double* expriment les degrés de difficulté que présentent, dans l'exécution, les deux modes de tenue des livres ; car le mode qu'on appelle simple est précisément le plus compliqué, attendu qu'il nécessite la tenue de plusieurs livres auxiliaires, dont une foule de maisons peuvent se passer en suivant la méthode des parties doubles.

Les écritures en partie simple, il est vrai, ne sont soumises, dans la pratique, à aucune forme régulière, puisque chacun les tient comme il l'entend ; mais cela démontre seulement qu'on devrait en remplacer le] titre par celui de Partie Primitive.

De la tenue des Livres en partie double.

La tenue des livres en partie double est la méthode de comptabilité par laquelle une maison personnifie les choses qui font l'objet de ses écritures, et leur ouvre des comptes, au grand livre, comme elle en ouvre à ses correspondants.

Pour bien saisir le mécanisme de cette méthode, il suffit de savoir qu'une maison d'ordre suppose chaque branche de son administration confiée à un employé ou à un serviteur spécial, et qu'elle désigne, — *par le nom de l'opération dont chaque employé est chargé,* — le compte qu'elle doit ouvrir à cet employé, afin de conserver un document des résultats de sa gestion, et du contrôle de ses actes.

Ainsi, un cultivateur, par exemple, qui est homme d'ordre, suppose, pour établir une bonne comptabilité, qu'il a exclusivement confié les soins des animaux de sa ferme à un serviteur responsable, la garde de ses greniers ou magasins à un autre, le contrôle des frais d'exploitation à un troisième, celui des dépenses de sa famille ou de son ménage à un quatrième, la surveillance de ses récoltes à un cinquième, etc., et il ouvre à ces serviteurs-là des comptes qu'il nomme Cheptel, Grenier, Magasins à Fourrages, Frais Généraux, Dépenses domestiques, Récoltes de......, etc., au lieu de les désigner par les noms des serviteurs auxquels ces comptes sont sensés ouverts. — Il est bien entendu, d'ailleurs, que cela ne l'empêche pas d'ouvrir des comptes particuliers à ses agents pour les choses qui peuvent leur être directement personnelles.

De cette manière, comme on le voit, le chef de maison n'est pas obligé, au changement de ses agents, de changer les titres des comptes de ses opérations: et, chose extrêmement importante, il peut savoir à chaque instant où il en est de ses affaires.

La tenue des livres en partie double est ainsi appelée, parce qu'elle consiste à inscrire, dans chaque article du journal, les noms des débiteurs et des créanciers qui sont l'objet de l'article, et à porter chaque somme deux fois au grand livre : au débit d'un compte et au crédit d'un autre.

Ainsi, les 16,000 fr. que Ferret verse dans sa caisse (art. 1 du Brouillard), sont portés deux fois au grand livre, au débit de Caisse et au crédit de Capital, après avoir été inscrits sous la forme suivante au journal :

DOIT CAISSE   A CAPITAL,

    Mon versement à la Caisse, ci 16.000

    Tandis que, dans les écritures en partie simple, l'article dont il s'agit est reporté au journal tel qu'il est au Brouillard, et que la somme de 16,000 fr. n'est inscrite qu'au livre de caisse.

Principes de tenue des Livres.

    Trois catégories de comptes : comptes du commerçant lui-même, comptes des divers objets de commerce personnifiés, comptes des correspondants. — Division des comptes dans chaque catégorie. — Parler des comptes au point de vue de la maison de commerce, jamais au point de vue du commerçant. — Les comptes débiteurs expriment un actif et les comptes créditeurs un passif. — Le débit et le crédit d'une maison de commerce s'équilibrent toujours. — Les commerçants qui exploitent une maison de commerce profitent de tous les bénéfices, à la condition qu'ils supportent toutes les pertes, tous les frais et toutes les dépenses ; — ils ont des comptes dans leur maison comme les correspondants avec lesquels ils font des affaires : le compte de *Capital*, qui exprime *un actif* pour le commerçant, n'est donc autre chose qu'un *passif* pour la maison de commerce. — Si l'on étudie un bilan, celui que publie la Banque de France, par exemple, on trouvera à l'actif les frais, les pertes et les dépenses, parce qu'ils sont dus à cet établissement *par* les actionnaires ; et au passif, les bénéfices et le capital, parce qu'ils sont dus *aux* actionnaires *par* cet établissement. — Tout compte est *débiteur* qui reçoit des marchandises, des espèces, des effets de commerce, des valeurs commerçables, des virements, etc., qui *supporte* des pertes, des frais, des dépenses, des intérêts, des ports de lettres, des diminutions, des escomptes, des agios, etc. — Tout compte est *créditeur* qui *donne* ou *fournit* des marchandises, des espèces, dès effets de commerce, des valeurs commerçables, des virements, etc., qui *profite* de bénéfices, d'intérêts, de ports de lettres, de diminutions, d'escomptes, d'agios (1), etc. (*Programme du 6 avril 1866, 3ᵉ année d'enseignement secondaire spécial.*)

Des différentes sortes de Comptes.

Dans l'économie du système de tenue de livres en partie double, le chef de maison, ou patron, est considéré comme un gérant responsable tenu de rendre compte des opérations ou des affaires dont il a la direction ; de sorte que les écritures d'une maison doivent toujours être faites au point de vue de la maison, jamais au point de vue de son chef, ou patron, qui a lui-même des comptes dans sa maison, pour ses avances ou apports et pour ses prélèvements, comme les tiers ou correspondants avec lesquels il fait des affaires. Donc, en comptabilité générale,

On distingue trois sortes de comptes : les comptes particuliers ou comptes des tiers, les comptes généraux ou comptes ouverts aux choses de même espèce, et les comptes personnels du chef de maison.

Toutefois, les comptes du chef ou des chefs de la maison ayant la forme des comptes dans lesquels on personnifie les choses de même espèce, on ne distingue, dans le libellé des écritures, que deux genres de comptes : les comptes particuliers et les comptes généraux.

---

(1) On appelle agio le montant de l'escompte d'un effet de commerce ; on appelle aussi agio une commission particulière que les banquiers prennent à l'occasion des renouvellements, ou des ordres de Bourse qu'ils ont fait exécuter pour le compte de leurs clients ; enfin, on donne encore ce nom au taux du change en matière de monnaies, c'est-à-dire à la différence qu'il y a entre la valeur nominale d'une monnaie et sa valeur d'échange.

Des Comptes particuliers.

Les comptes particuliers sont ceux qu'on ouvre à chaque personne ou à chaque maison avec laquelle on fait des affaires.

Chaque compte particulier a pour titre le nom de la personne ou de la maison à laquelle il est ouvert. Ainsi les comptes particuliers ouverts, dans les livres dont la tenue fait l'objet de cette étude, à MM. Milhac, Gatinaud, Roux, Lejeune, etc., ont pour titre, savoir :

Le 1er, Milhac, banquier à Limoges;

Le 2e, Gatinaud, à Châteauroux, etc.

Des Comptes généraux.

Les comptes généraux sont ceux qu'on ouvre aux opérations ou aux choses de même espèce, dans un sens déterminé. Tels sont les comptes spéciaux que les maisons d'ordre ouvrent à chaque branche de leur industrie, ou de leurs affaires.

On les appelle comptes généraux, parce qu'on y inscrit, en général, tout ce qui a du rapport aux opérations ou aux choses personnifiées qui font l'objet de ces comptes.

Chaque compte général a pour titre un nom qui représente à l'esprit l'idée des choses à l'inscription desquelles il est destiné. Ainsi, on donne

Le titre de Capital, Au compte dans lequel on inscrit tout ce qui a rapport aux choses, aux richesses (1) consacrées par une maison à son commerce, à son industrie ou à son exploitation : argent, mobilier, matériel, etc.;

— *Profits et Pertes,* Au compte dans lequel on inscrit les bénéfices et les pertes de la maison;

---

(1) On appelle richesse tout ce qui sert à la satisfaction des besoins réels.

Le titre de Caisse,	Au compte destiné à l'inscription des encaissements et des paiements de la maison ;
— *d'Effets à recevoir,*	Au compte dans lequel on inscrit le montant des effets qui entrent en portefeuille et qui en sortent ;
— *d'Effets à payer,*	Au compte dans lequel on constate les engagements pris et acquittés par la maison ;
— *de Marchandises Gén^ales,*	Au compte destiné à l'inscription des achats et des ventes des marchandises, et que l'on subdivise souvent en comptes spéciaux de marchandises et de primes y relatives ;
—de *Matières premières, Produits manufacturés,*	Aux comptes dans lesquels on inscrit le prix de revient des matières ou des produits, ainsi que les frais qui en augmentent le coût ;
— *de Cheptel, d'Elevage, etc.,*	Aux comptes destinés à l'inscription du prix des animaux, des produits qu'on en retire et des frais qu'ils occasionnent ;
— *d'Engrais, de Denrées, de Prairies, etc.,*	Aux comptes dans lesquels on inscrit les prix de revient et les produits qu'on retire des engrais, etc., etc.

Des principaux Comptes généraux.

Les comptes généraux ne sauraient être les mêmes dans toutes les maisons ; le nombre et les titres en varient donc selon le genre et l'importance des opérations qu'ils constatent, et souvent, aussi, selon les renseignements plus ou moins détaillés que la maison désire avoir sur ses affaires.

Il est toutefois des comptes qui sont les mêmes dans toutes les maisons. Ce sont les comptes : Capital, Profits et Pertes, Mobilier ou Matériel d'exploitation, Caisse, Effets à Recevoir, que quelques maisons appellent Traites et Remises, et Effets à Payer.

Le compte de Profits et Pertes comprend souvent des subdivisions, dont les principales sont : Frais généraux, Dépenses domestiques ou compte de Levées, Salaires, Loyer ou Fermage et Impôts, Escomptes, Commissions, Intérêts, etc.

Le compte de Matériel se subdivise également dans les grandes industries et dans les grandes exploitations agricoles.

La Caisse se subdivise aussi en Compte de Petite Caisse dans les maisons qui chargent une personne, un employé de payer les menus frais.

Le compte de Traites et Remises se subdivise lui-même, dans les grandes maisons de banque, en comptes de Changes, d'Effets sur la Province, sur l'Etranger, etc.

On ajoute à ces comptes, savoir :

Dans les maisons de Commerce,

1º Le compte de Marchandises Générales, et une ou plusieurs des subdivisions qu'il peut comprendre : telles que Soieries, Draperies, Cotonnades, Denrées Coloniales, Sucre, Vins, Liqueurs, Eaux-de-Vie, Escomptes et Rabais, etc. ;

2º Les comptes de Frais de premier établissement, Fonds de Commerce, Assurances, Effets publics, Prêts à la grosse, Affrètements, etc., etc.

Dans l'Industrie,

Les comptes de Matières Premières, Produits manufacturés, etc., etc.

En Agriculture,

1º Le compte de Cheptel, avec ses subdivisions : Bœufs, Vaches, Elevage, Bergerie, Porcherie, Basse-Cour, etc.;

2º Les comptes de Prairies Naturelles, Prairies Artificielles, Pâtures, Bois ;

3º Les comptes de Foin, Paille, Chaume, Engrais;

4º Les comptes de Soles, de Denrées de toutes les espèces, d'Immeubles, etc.

Dans toutes les maisons, il peut y avoir un compte d'Inventaire, et un compte de Liquidation dans le cas de cessation des affaires. — Beaucoup de comptes sont d'ailleurs communs à toutes les professions, et les noms que nous leur donnons n'ont rien d'absolu : chacun pouvant en varier les titres dans bien des cas.

Mais, comme nous le démontrons ailleurs, la multiplicité des comptes nécessite la tenue de livres auxiliaires spéciaux, et, par suite, l'emploi de plusieurs commis aux écritures : il est donc bon de se renfermer dans un cercle de comptes aussi restreint que possible, surtout en agriculture, qui produit 4 p. 0/0, et qu'on a la manie de vouloir modeler, à propos de comptabilité, sur l'industrie, dont les produits s'élèvent à plus de 12 p. 0/0.

Conseillons une bonne comptabilité générale ordinaire à l'agriculture, qui n'en pratique presque aucune, et dont le défaut d'écritures simples, mais régulières, est la source de beaucoup de pertes de temps, sinon d'une foule de procès et d'injustices, et l'une des causes de l'état d'infériorité dans lequel végète la nombreuse et intéressante population agricole.

Des Comptes personnels du Chef de Maison.

Une maison, c'est-à-dire un établissement quelconque (commercial, industriel ou agricole), est, en comptabilité, vis-à-vis de son propriétaire, dans la condition d'un mandataire qui agit gratuitement, mais dont le mandant supporte les pertes et les frais auxquels donne lieu l'exercice du mandat, comme il profite des bénéfices qui peuvent en résulter ; de sorte que, nous l'avons déjà dit, la maison est tenue, pour la régularité de ses écritures, d'ouvrir des comptes à son chef ou patron, comme à un simple correspondant, et d'inscrire dans ces comptes les apports et les prélèvements de son propriétaire, ainsi que les frais, les pertes et les bénéfices résultant de ses opérations.

Ceci établi et bien compris, on arrive naturellement à conclure que le chef de maison a nécessairement pour comptes personnels, dans ses écritures, le compte de Capital et le compte de Profits et Pertes, avec toutes ses subdivisions.

Des valeurs qui figurent au débit et au crédit des comptes, ou destination du DOIT et de l'AVOIR de chaque compte.

Comptes des Tiers.

On débite les comptes des tiers du montant des choses qu'on leur remet, et on les crédite du montant de celles qu'on en reçoit.

Comptes du Patron ou Chef de la maison.

CAPITAL. — On débite ce compte, à l'époque de l'inventaire, du solde débiteur de Profits et Pertes, s'il y a lieu, et, dans le cours de l'année, des pertes considérables que la maison éprouve ; on le crédite de tout ce que le patron apporte dans sa maison, même de la valeur de ses immeubles si on leur ouvre des comptes particuliers, et, à l'époque de l'inventaire, du solde créditeur de Profits et Pertes, s'il y a lieu.

Pertes et Profits. (1)

On débite ce compte des pertes que l'on éprouve, des frais et intérêts payés par la maison, quand elle n'a pas ouvert de comptes spéciaux à ces frais et intérêts, etc., et, — à l'époque de l'inventaire, — des soldes débiteurs des subdivisions de ce compte, comme Dépenses Domestiques, Frais Généraux, Main-d'œuvre, etc., etc. ; on le crédite des bénéfices que l'on fait, et des rentrées sur lesquelles on ne comptait pas. Toutefois, les pertes et les bénéfices d'une certaine importance sont portés tout de suite, au compte de Capital, telles que les pertes résultant d'un sinistre, les rentrées provenant d'une succession, de créances douteuses, déjà soldées par Pertes et Profits.

Comme on le voit, le compte de pertes et profits solde toutes ses subdivisions, qu'on pourrait appeler ses sous-chapitres, et se solde lui-même finalement par Capital, au jour de l'inventaire. Aussi, remarquons-le bien, les bénéfices et les pertes que l'on fait dans les transactions, ne se portent pas immédiatement à ce compte ; ce n'est qu'à l'époque de l'inventaire qu'on les y inscrit, à savoir :

Au *débit*, en un seul article, tous les frais et toutes les pertes que présentent les autres comptes ; (2)

Au *crédit*, par un autre article, tous les bénéfices qui résultent de la gestion.

Puis, faisant la différence du débit et du crédit, on en porte le résultat au débit ou au crédit du compte capital : au débit, lorsque, finalement, il y a perte; au crédit, s'il y a bénéfice. (2)

---

(1) Tout le monde écrit Profits et Pertes, mais l'inverse est préférable, puisque, de cette manière, les pertes se trouvent écrites, au grand livre, sous le mot Pertes, et les profits sous le mot Profits ; tandis que dans l'ordre généralement adopté, c'est le contraire qui a lieu.

(2) Voyez page 11 ; lisez la note.

Dépenses Domestiques (1). — On débite ce compte du montant des sommes et des choses que le chef de maison prend dans son commerce, son exploitation ou son industrie, pour ses besoins et ceux de sa famille; il n'y a pas lieu à le créditer, à moins que le patron ne rapporte une partie de ses prélèvements. — Ce compte est remplacé par celui de *Levées* dans les sociétés commerciales.

Quant aux autres subdivisions de Pertes et Profits : Frais Généraux, Salaires ou Rente (2), Emballage, Escomptes et Rabais, Escomptes et Changes, Intérêts (3), Agios, Inventaire, Liquidation, il est facile de concevoir qu'on doit les débiter et les créditer de toutes les sommes qu'on porterait au débit et au crédit de Pertes et Profits, si on ne les avait pas.

Comptes généraux proprement dits.

Matériel ou *Mobilier*. — On débite ce compte du prix de tous les objets qu'il représente, et on le crédite de la dépréciation qu'ils subissent, et des sommes qu'on en retire en les revendant.

Le compte d'Immeubles se tient de la même manière.

Caisse. — On débite ce compte des encaissements, et on le crédite des paiements que fait la maison.

Effets à Recevoir. — On débite ce compte du montant des effets qu'on reçoit ou qu'on tire, et on le crédite du montant

---

(1) Tout commerçant est tenu d'inscrire, mois par mois, dans ce compte, les dépenses de sa maison. (Art. 8, C. Com.)

(2) On donne le nom de Rente, dans certaines maisons, au compte de Salaires ou de Main-d'Œuvre.

(3) Le compte d'Escomptes et Rabais est destiné à l'inscription des remises faites à ceux qui paient (en espèces) par anticipation. — On n'ouvre point de compte à l'escompte du commerce, qui se déduit du prix des marchandises au moment de la vente. — Quant au compte d'escomptes et changes, il est destiné à l'inscription de l'escompte de la Banque. Voyez p. 3 et suiv.

de ces mêmes effets, à mesure qu'on les sort du portefeuille pour en recevoir la valeur.

Effets à Payer. — On débite ce compte du montant des effets souscrits ou acceptés par la maison, à mesure qu'elle en paie la valeur en les retirant de la circulation, et on le crédite du montant des mêmes effets, à mesure que la maison les souscrit ou les accepte.

Marchandises Générales. — On débite ce compte du prix des marchandises qui entrent en magasin, et on le crédite du montant de celles qui en sortent.

On agit de même dans les subdivisions de ce compte, et dans tous les comptes qui lui sont analogues, comme Cheptel, etc., etc.

Fonds de Commerce (1), — *Agencement*, — *Brevet d'Invention*. — On débite ces comptes du prix d'achat, et on les crédite du montant de la dépréciation, s'il y a lieu.

Frais de Premier Etablissement. — On débite ce compte des frais de fondation, d'installation, d'organisation, de publicité, etc., et on le crédite de tant pour cent par an d'amortissement, afin de répartir ces frais entre plusieurs exercices, au lieu de les passer tout de suite par Profits et Pertes. — C'est ainsi qu'agissent les grands établissements, dont les frais de fondation peuvent atteindre ou dépasser les bénéfices de la première année.

Indépendamment de ce compte, les compagnies de chemins de fer, les compagnies maritimes et les sociétés immobilières

---

(1) Ces termes ont deux acceptions : le vulgaire entend, par Fonds de Commerce, les marchandises que possède un commerçant, et les gens d'affaires appellent ainsi le pas-de-porte ou achalandage d'une maison, autrement dit, ce que l'Economie considère comme relevant de la *loi de la rente*, c'est-à-dire, la *mesure de la supériorité* de la puissance productive d'un élément de production comparé à d'autres éléments semblables.

ouvrent un compte de *Frais de Constructions*, qu'elles débitent des frais de constructions, et qu'elles soldent par capital. — Beaucoup de propriétaires fonciers feraient bien d'ouvrir également ce compte.

De l'Actif et du Passif d'une maison.

L'Actif d'une maison est l'ensemble des choses qu'elle possède ou qui lui sont dues; son Passif est la totalité de ses dettes. Les objets et valeurs qui composent l'actif brut d'une maison s'appellent dettes actives, et ses véritables dettes prennent le nom de dettes passives. L'excédant des dettes actives sur les dettes passives constitue l'actif net de la maison.

Cela établi, on comprend aisément que le total des débits des comptes d'une maison représente l'Actif de cette maison, comme le total des crédits des mêmes comptes en représente le Passif. Or, comme toute somme portée au débit d'un compte doit être, — d'après la méthode des parties doubles, — inscrite en même temps au crédit d'un autre compte, il est évident que l'Actif et le Passif de la maison s'équilibrent toujours, et que le capital de son propriétaire en constitue seul l'Actif net.

Voilà pourquoi le débit de certains comptes, celui des comptes personnels du chef de maison, qui exprime toujours un actif pour la maison, n'est autre chose qu'un passif pour son propriétaire. Aussi chaque maison fait-elle figurer à l'actif de son bilan les dépenses domestiques de son chef, ses frais généraux, ses pertes, les salaires et les intérêts qu'elle paie, parce que toutes ces dépenses lui sont dues par son propriétaire. De même, elle inscrit à son passif son capital et ses bénéfices, parce qu'elle les doit à son chef ou patron, dont l'actif ou le capital s'obtient en retranchant le total des crédits des comptes qui ne lui sont pas personnels du montant de l'actif brut de sa maison. — On trouve de cette manière, en consultant l'inventaire sous-seing privé ci-dessus, que l'Actif net ou le capital commercial de Ferret est de 32.843 fr. 80 c.

Des Livres principaux.

Tout commerçant est tenu d'avoir au moins trois livres, cotés, paraphés et visés : le livre journal, le livre des inventaires et le livre copie de lettres, sous peine,

Dans le cas de faillite,

D'un emprisonnement d'un mois à deux ans, avec affiche et publication du jugement ;

Dans le cas de soustraction des livres ou de fausse mention,

D'une condamnation aux travaux forcés à temps, c'est-à-dire, de cinq à vingt ans. (Art. 8-13, 84, 586 et 591, C. com.; 402, C. pén. ; 12 de l'arrêté du 27 prairial an X, ou 16 juin 1802.)

Mais l'obligation que la loi impose de tenir ces livres, par ordre de dates, sans blancs, lacunes, ni transports en marge, nécessite la tenue de deux autres livres, savoir :

1° Un mémorial ou main-courante, qui permette d'inscrire le soir, à tête reposée, au journal, toutes les opérations de la journée, sans risque d'omissions, de ratures, ou de surcharges;

2° Un extrait du journal et du livre des inventaires, qui représente les opérations par ordre de comptes, au lieu de les représenter par ordre de dates, afin de prévenir les erreurs et les pertes de temps inévitables dans les recherches qu'on serait obligé de faire, sans ce livre, à l'occasion des règlements de comptes, et chaque fois que le chef de maison désirerait connaître son état de situation.

D'où il résulte qu'il y a cinq livres principaux :

Le *Brouillard* ou main-courante, le *Journal*, l'extrait du *Journal* ou le *Grand livre*, qu'on appelle encore livre de *Raison*, le *Livre des inventaires* et le *Livre copie de lettres* ou livre de correspondance, et son répertoire.

Du Brouillard.

Ce livre est la minute de tous les autres livres : on y inscrit, avec détail, toutes les opérations de la maison ; c'est le livre que la justice consulte généralement avec le plus d'attention, quoiqu'il contienne des ratures et surcharges que la rapidité avec laquelle il est écrit excuse d'ailleurs. Beaucoup de maisons ont deux brouillards : l'un pour les lundis, les mercredis et les vendredis, l'autre pour les mardis, les jeudis et les samedis. (Voyez page 15 et suivantes.)

Du Journal et du Livre des inventaires.

Le Journal est la copie au net, faite jour par jour, de toutes les opérations d'une maison, de quelque nature qu'elles soient. — Toutefois, les dépenses domestiques et les menus frais peuvent n'y être énoncés que mois par mois.

Le Livre des inventaires est la copie des inventaires d'une maison, et du bilan que l'art. 9 du C. de com. oblige les commerçants à faire tous les ans, par acte sous-seing privé (1).

Ces deux livres ont la forme du Brouillard, et chaque colonne y a la même destination, à l'exception, toutefois, de la première colonne, à gauche, qui y est divisée en deux petites colonnes, dans lesquelles on écrit, savoir :

---

(1) Voyez le modèle de cet acte, page 40 et suivantes.

Dans la première, à gauche, et en regard des comptes débiteurs, le folio que chacun de ces comptes occupe au grand livre.

Dans la deuxième, le folio de chaque compte créditeur au grand livre.

On met un point à droite des folios ainsi écrits, à mesure qu'on reporte les articles du journal au grand livre, afin d'indiquer que ce report est fait, et d'éviter les omissions et les doubles transports d'articles qu'on pourrait faire sans ces indications.

Du Grand Livre.

Le Grand livre est un registre dans lequel la maison inscrit ses opérations par ordre de comptes, au lieu de les inscrire par ordre de dates, comme au journal. Chaque compte y occupe, nous l'avons déjà dit, deux pages en regard l'une de l'autre : l'une pour le débit, l'autre pour le crédit, et chaque page s'y divise en sept colonnes, qui contiennent, savoir :

La 1re, en tête, le millésime et, au-dessous, le nom des mois dans lesquels les opérations ont eu lieu ;

La 2e, la date du mois ;

La 3e, au débit, le nom du créancier ou créditeur, précédé de A, et au crédit, celui du débiteur précédé de *Par*, et suivis, l'un et l'autre, du motif de l'inscription, écrit en quelques mots (1) ;

La 4e, le folio du journal où l'article reporté est inscrit ;

La 5e, au débit, le folio du grand livre où se trouve le

---

(1) On ouvre au grand livre, aux personnes avec lesquelles on fait peu d'affaires, un compte particulier, sous le titre de *Divers*, dans lequel le nom du débiteur, que l'on fait précéder de *Par*, s'écrit au débit, et celui du créancier, précédé de A, s'écrit au crédit.

Voyez la *Partie du maître*.

compte créditeur, et au crédit, le folio que le compte débiteur occupe au grand livre ;

La 6ᵉ et la 7ᵉ colonne contiennent les francs et les centimes de chaque article du journal ainsi analysé :

La 4ᵉ et la 5ᵉ colonne sont dites colonnes de rencontre : elles facilitent les recherches qu'on peut avoir à faire au journal et au grand livre.

Le grand livre a un répertoire ou table alphabétique des comptes qu'il contient, et dans lequel on consacre, à l'inscription des noms commençant par la même lettre, les pages correspondant à cette lettre, qui se trouve écrite en relief sur la tranche du répertoire.

Du Livre-copie de lettres, ou livre de correspondance.

Ce livre est un registre dans lequel chaque maison copie textuellement, jour par jour, les lettres qu'elle écrit et les engagements qu'elle contracte par acte sous-seing privé.

Les copies y sont faites à la main ou à la presse à copier, et chaque pièce y porte un numéro d'ordre, pour en faciliter la recherche.

Le livre de correspondance n'affecte point de forme spéciale. Quelques maisons le divise en trois colonnes, dont deux petites, sur la gauche, et transcrivent :

Dans la première, le nom du lieu qu'habite le correspondant;

Dans la deuxième, le folio où se trouve la copie de la dernière lettre qui lui a été écrite, ou 0, si elles lui écrivent pour la première fois ;

Dans la troisième, la copie textuelle de la lettre ou de la convention écrite.

Ce livre a un répertoire, qui se tient comme celui du grand livre.

Quant aux lettres reçues, elles sont également numérotées, — et quelquefois paginées, — à la réception, et mises dans des feuilles de gros papier, appelées chemises, ou dans des reliures mobiles ; ou bien encore, elles sont fixées à des feuilles gommées faisant souche aux reliures, de manière à former ainsi, en plusieurs volumes, un livre de lettres reçues.

On écrit au recto de la perche des chemises ou des reliures les noms ou les initiales des auteurs des lettres qu'elles contiennent, ainsi que le premier et le dernier numéro de ces lettres. — On tient souvent un répertoire des lettres reçues.

De la pagination, du paraphe et du visa des livres.

Aucun livre ne peut être représenté ni faire foi en justice au profit de ceux qui l'ont tenu, s'il n'a été coté, paraphé et visé avant d'avoir été employé, ou après avoir été arrêté, s'il a déjà servi.

Le livre-journal et le livre des inventaires doivent, en outre, être arrêtés et visés de nouveau tous les ans, afin que le comptable ne puisse reporter des opérations d'une année à une autre année.

Le autres livres ne sont point soumis à cette dernière formalité, parce que les opérations qui y sont consignées, ne sauraient différer de celles que représentent le journal et le livre des inventaires, sans témoigner du désordre ou de la mauvaise foi du comptable.

Les livres sont visés et paraphés, dans la forme ordinaire et sans frais, par un des juges du tribunal de commerce, ou par le maire ou un adjoint ; ils sont préalablement cotés par celui qui les tient, s'il ne les a pas achetés paginés.

Les trois livres prescrits par la loi sont seuls soumis à ces formalités, mâis il serait bon d'y soumettre également le grand livre, le livre de caisse, le livre d'enregistrement des effets à recevoir et les livres des comptes courants.

Tous les livres et papiers doivent être conservés pendant dix ans.

Voyez art. 8, 17, 84, 102 et 224 du Code de commerce; art. 24 de la loi du 20 juillet 1837, qui affranchit du timbre les livres des commerçants (et, à plus forte raison, ceux des particuliers), moyennant trois centimes additionnels à porter à la contribution des patentes.

Voyez encore la loi des 5-14 juin 1850 relative au timbre, et dont l'art. 47 assujettit au timbre de dimension le journal des agents de change et courtiers prescrit par l'art. 84 du Code de commerce.

L'art. 13 de cette loi impose également aux mêmes agents l'obligation de rédiger leurs bordereaux et arrêtés sur du papier au timbre de dimension, sous peine d'une amende de cinq cents francs. Enfin, l'art. 12 de l'arrêté du 27 prairial an X (16 juin 1802), les oblige à inscrire chaque opération, à mesure qu'elle est consommée, sur une espèce d'agenda, appelé carnet.

DU TRANSPORT

DES ARTICLES DU BROUILLARD

AU JOURNAL.

SIMPLES NOTES.

I. — Nécessité d'écrire au journal tout ce qui fait l'objet du commerce.

La loi impose à tout commerçant le devoir d'inscrire, — au moins sur son journal, — tout ce qu'il reçoit et paie, à quelque titre que ce soit ; on ne peut donc se dispenser, sous aucun prétexte, d'écrire au journal une opération quelconque.

Il n'est pourtant pas rare que, dans le petit commerce surtout, on se dispense absolument de mentionner dans ce livre :

1° Les ventes au comptant ;

2° Les échanges dans lesquels le débit annule le crédit ;

3° Le total des ventes et des achats réglés en partie au moment de la livraison.

Sans doute, il est souvent à peu près impossible de prendre note de toutes les ventes en détail ; mais il est toujours facile, avec un peu d'ordre, de se rendre compte, à la fin de la journée, du montant des sommes qu'elles ont produites.

Quant aux opérations réglées en partie, il faut toujours débiter le compte de l'acheteur du montant de la vente, et le créditer de l'à-compte par un autre article. Telles sont, en quelques mots, les règles que l'intérêt du commerçant lui imposerait l'obligation d'observer, quand même la loi ne lui en ferait pas un devoir.

II. — De la tenue du Journal et de celle du Livre des inventaires.

Ces livres doivent être tenus par ordre de dates, sans blancs, lacunes, interlignes, surcharges, ni transports en marge. (Art. 10, C. Com.)

Pour les rédiger convenablement, il faut bien distinguer le débiteur du créancier ou créditeur, afin d'y débiter et d'y créditer à propos les comptes qu'on ouvre ensuite au Grand-Livre, et dans les livres auxiliaires spéciaux ; or, on fait sûrement cette distinction, en observant la maxime constante, en comptabilité commerciale :

« Qui reçoit *Doit*, qui paie *A*, »

Ce qui signifie qu'en matière de comptabilité, la maison qui reçoit un objet quelconque (argent ou marchandises), en doit la valeur à celui qui le remet, ou, si la remise est faite à titre gratuit, au chef de la maison, qu'on représente dans les écritures par ses comptes personnels : Capital, Profits et Pertes, Dépenses domestiques, etc. ; et réciproquement.

D'où il résulte que, dans une opération, le nom du débiteur répond à cette question :

Qui est-ce qui reçoit cette chose ou ces choses : (marchandises, argent, etc.) ?

Et que celui du créditeur répond à celle-ci :

Qui est-ce qui fournit cette chose ou ces choses ?

III. — Des différents genres d'articles qu'on peut avoir à inscrire au journal et au livre des inventaires.

Dans la tenue des livres en partie simple, chaque article du Journal et du Livre des inventaires commence par le mot *Doit*, suivi du nom du débiteur, ou par le mot *Avoir*, suivi du nom du Créancier.

Mais en partie double, il se présente, dans ces deux livres, quatre genres d'articles, commençant tous par le mot *Doit* ou *Doivent*, que le plus souvent on sous-entend, savoir :

1er GENRE. — Une entrée fournie par un seul créditeur, ou une sortie reçue par un seul débiteur, et, par suite, un seul débiteur et un seul créancier.

FORMULE.

	F.	C. (1)
DOIT Tel *à Tel,*		
Motifs...	»	»

____

(1) Cette double colonne représente la colonne extérieure du Journal et du Livre des inventaires.

2me Genre — Une entrée fournie par plusieurs créditeurs, ou plusieurs sorties reçues par un seul débiteur ; conséquemment, un seul débiteur et plusieurs créanciers.

		(1)
FORMULE.	**F.**	**C.**

DOIT Tel   *à Divers,*

1° Motifs du débit........................ » »

2° Enonciation des créditeurs, comme suit :

A TEL (nom du premier créancier).

  Motifs du premier crédit.................... » »

A TEL (nom du deuxième créancier).

  Motifs du deuxième crédit............... » » » »

Etc.

3me Genre. — Plusieurs entrées fournies par un seul créditeur, ou une sortie reçue par plusieurs débiteurs ; d'où résulte un article de plusieurs débiteurs et d'un seul créancier, c'est-à-dire l'inverse du 2me genre.

		(2)
FORMULE.	**F.**	**C.**

DOIVENT Divers   *à Tel,*

1° Motifs du crédit............................ » »

2° Enonciation des débiteurs :

TEL (nom du premier débiteur).

  Motifs du premier débit..................... » »

TEL (nom du deuxième débiteur).

  Motifs du deuxième débit, etc.................. » »

---

(1) Cette double colonne représente la colonne extérieure du Journal et du Livre des inventaires.

(2) Cette double colonne représente la première colonne intérieure du Journal et du Livre des inventaires.

4me GENRE. — Plusieurs entrées fournies par plusieurs créditeurs, ou réciproquement, et partant plusieurs débiteurs et plusieurs créanciers.

FORMULE.			F.	C. (1)
DOIVENT Divers	*à Divers,*			
1° Enonciation des débiteurs :				
TEL		.... » »	0	»
TEL	Motifs de chaque débit.	.... » »	»	»
2° Enonciation des créditeurs :				
A TEL		....	»	»
A TEL	Motifs de chaque crédit...........		»	»
A TEL		....	»	»

Les articles de ce genre prennent le nom d'articles composés. Il est souvent avantageux, pour la clarté des écritures, de les décomposer en articles du 2me et du 3mo genre.

Appliquons ces principes aux art. 1, 2, 31 et 55 du Brouillard.

Analyse de ces quatre articles. (Voyez page 91 et suiv.)

ART. 1.

——————— *Du 2 novembre 1868.* ———————

Versé à ma caisse la somme de. . . . . 16,000 fr.

QUESTIONS.

PREMIÈRE QUESTION. — Qui est-ce qui reçoit 16,000 francs ?
RÉPONSE. — Le commis de caisse ou le caissier.
Voilà le débiteur.

---

(1) Cette double colonne représente la première colonne intérieure du Journal et du Livre des inventaires.

Deuxième Question. — Qui est-ce qui fournit 16,000 francs?

Réponse. — Le patron ou chef de la maison, M. Ferret, dont le compte personnel a pour titre, dans ses livres, le mot capital. Voilà le créancier du commis de caisse, ou plutôt du compte de caisse, selon les principes posés pages 72 et 73.

Conséquemment, il faut débiter la Caisse de 16,000 francs qu'elle reçoit, et créditer de ces 16,000 fr. le compte Capital qui les fournit.

Voyez le JOURNAL, art. 1, 1er GENRE.

Art. 2.

——————*Du 3 novembre 1868.*——————

J'ouvre un compte à Milhac, à Limoges, mon banquier, qui me doit 1,587 fr., valeur du 30 juin dernier, ci   1,587 fr.

Et je lui remets en compte courant, à 5 0/0....   9,000

Total. . . . . . .   10,587 fr.

QUESTIONS.

Première Question. — Qui est-ce qui reçoit 10,587 fr. ?

Réponse. — M. Milhac, banquier à Limoges; donc le compte de ce correspondant doit être débité de 10,587 fr. — M. Milhac ne reçoit, il est vrai, que 9,000 fr. de la nouvelle maison Ferret; mais son ancien compte étant arrêté, il faut bien que le reliquat, 1,587 fr., en soit reporté au nouveau compte que lui ouvre le chef de cette maison, qui, du moment où il parle de ce reliquat dans son brouillard, a l'intention de l'ajouter à son capital commercial. Voilà pourquoi ce nouveau compte doit être débité de 10,587 fr.

Deuxième Question. — Qui est-ce qui fournit les 10,587 fr. dus par Milhac?

Réponse. — 1º M. Ferret, représenté par son compte de capital; 2º le Caissier de sa maison; donc le compte du Capital et le compte de caisse doivent être crédités, savoir :

Le compte du Capital de 1,587 fr.;

Le compte de Caisse, de 9,000 fr.

Voyez le JOURNAL, art. 2, 2ᵉ genre.

Nota. — Remarquez toutefois que, si l'ancien compte de Milhac figurait au grand livre de la nouvelle maison Ferret, le comptable de cette maison pourrait se dispenser d'ouvrir un nouveau compte à son banquier. Mais, dans ce cas, il devrait solder cet ancien compte sur les livres personnels de M. Ferret, et le rouvrir par l'article ci-dessus, après l'avoir arrêté, en en soulignant les totaux par un double trait, comme cela est indiqué au livre de Caisse, pages 52 et 53.

L'arrêté de l'ancien compte dont il s'agit, se formulerait ainsi dans les livres personnels de M. Ferret :

DOIT Capital (1) à Milhac, à *Limoges* :

Solde du compte de ce dernier, que je transporte au capital de ma maison de commerce, ci. . . . .

Art. 31.

—————————*Du 30 novembre 1868.*—————————

Je paie à mes employés, savoir :

1 mois des appointements de mon chef de chai.		120 fr.
1 id. id. de mon garçon de magasin		90
10 jours id. de mon commis...		50
Je prélève,		
Mes frais de correspondance et d'emballage. .		75 fr.
Ensemble.		315 fr.
Pour mes dépenses domestiques.		125 fr. 71
Total.		440 fr. 71

(1) Il s'agit ici du capital personnel de Ferret, et non du capital qu'il place dans le commerce.

QUESTIONS.

Première Question. — Qui est-ce qui reçoit 440 fr. 71 ?

Réponse. — Ce sont les employés de la maison Ferret, et la personne que ce dernier a chargé de l'achat des provisions de son ménage; mais les sommes ainsi payées, ne devant pas être remboursées à cette maison, deviennent une perte (en apparence), pour son chef ou patron, M. Ferret, et doivent être portées à son compte personnel, — qu'on établit sous le titre de Pertes et Profits, — ou plutôt aux subdivisions ou Sous-Chapitres de ce compte : Frais généraux et Dépenses Domestiques, qui sont spécialement destinés à l'inscription des frais du genre de ceux dont il s'agit. Conséquemment, il faut débiter les comptes :

Frais généraux, de.	315 fr.	»
Dépenses Domestiques, de.	125	71
En tout, de . . .	440 fr.	71

Deuxième Question. — Qui est-ce qui fournit 440 fr. 71 ?

Réponse. — La caisse; donc il faut créditer le compte de Caisse du montant des sommes fournies par le caissier.

Voyez l'art. 3 des formules ci-dessous : 3ᵉ genre d'art. du JOURNAL.

Art. 55.

———————— *Du 19 décembre 1868.* ————————

Vendu à M. Meilhard, à Périgueux:

30 pièces rouennerie de Villiers, ens. etc.		
20 p. id.		
Ensemble, net . .	3.820 fr.	
25 pièces de toile de Clermont, ens. etc.	1.611	55
En tout . . .	5.431	55

Il me paie ainsi :

Nᵒˢ 114 et 115, deux effets de commerce s'élevant à 1.720

En espèces. 3.618 75

Escompte 2 1/2 p. %, sur fr. 3,711,55, (excédant du prix de vente sur le montant des effets), ci 92 80

Total égal au prix net de vente 5.431 55

QUESTIONS.

Première Question. — Qui est-ce qui reçoit les marchandises dont il s'agit ?

Réponse. — M. Meilhard. — Oui, mais on ne peut en porter le prix au débit de son compte, car il ne doit rien, puisqu'il paie comptant. Quel est donc le débiteur, dans cette opération ? ou si vous le préférez,

Qui est-ce qui reçoit le prix des marchandises vendues au comptant à Meilhard ? — C'est :

Le commis du portefeuille, qui reçoit deux effets de commerce s'élevant à 1720 fr. ;

Le caissier, à qui Meilhard remet 3,618 fr. 75 en espèces ;

Et, enfin, M. Ferret, qui doit supporter l'escompte retenu par Meilhard comme intérêt de l'argent qu'il paie comptant, et qu'il aurait pu ne pas donner tout de suite.

Donc, il faut débiter les comptes par lesquels on représente les commis et M. Ferret, à savoir :

Effets à recevoir, de 1720 fr. ;

Caisse, de 3,618 fr. 75 ;

Escompte et rabais, de 92 fr. 80.

Nota. — Dans la *Partie du Maître* nous portons directement les escomptes et rabais à Pertes et Profits.

Deuxième Question. — Qui est-ce qui fournit les marchandises dont il s'agit ?

Réponse. — Le commis des marchandises de Villiers et le commis des Etoffes et Nouveautés. Voilà les créanciers ou créditeurs, que nous réprésentons par les comptes :

Marchandises de Villiers,

Etoffes et Nouveautés.

(Voyez l'art. 4 de la formule ci-dessous : 4ᵉ genre d'art. du Journal.)

Quant au transport des articles du Journal au Grand Livre, il suffit de lire avec attention le spécimen que nous en donnons ci-dessous, et les explications de la page 87, pour comprendre parfaitement le mécanisme de cette opération, et pour être à même de bien tenir tout de suite ce livre essentiel.

Il nous resterait à expliquer, par des exemples, ce que nous disons, page 44, de la rédaction de l'inventaire et du bilan ; mais le plan que nous nous sommes tracé, nous oblige à reporter ces explications complémentaires à la fin de la *Partie du Maître*.

Nous terminons donc là nos principes de comptabilité élémentaire. Ces notions suffisent, d'ailleurs ; et, nous le disons par expérience, tout lecteur désireux d'apprendre, qui en fera l'application aux exercices que nous proposons, deviendra, en peu de temps, un bon teneur de livres. — Mais, qu'on ne l'oublie pas, — nous insistons sur ce point, — il est indispensable, pour atteindre ce but, de copier le Brouillard, et d'en transcrire les articles dans tous les autres livres : *Fit fabricando faber*.

JOURNAL.

			1. ——— Du 2 novembre 1868. ———			
1ᵉʳ GENRE.	2.	1.	**Doit Caisse** à Capital, Mon versement à la caisse		16000	»
			2 ——— Du 3 id. ———			
	6.		**Doit Milhac,** banquier à Limoges, A divers, Je lui remets en compte courant	10587	»	
2ᵉ GENRE.		1.	A capital, Le reliquat de son compte ancien, valeur du 30 juin dernier, ci	1587	»	
		2.	A caisse, Espèces versées à sa caisse.............	9000	»	10587	»
			31 ——— Du 30 id. ———			
3ᵉ GENRE.	8.	2.	**Doivent Divers** à Caisse, (1) Prelevé à la caisse pour payer : Frais généraux,			
			1 mois des appoint/ de m/ chef de chai. 120 f.			
			1 *id.* *id.* de m/ garç. de mag/ 70			
			10 jours *id.* de mon commis... 50			
			Frais de corr. et d'emb^lage pend. le mois. 75	315	»	
			Total à reporter...	315	»	

(1) Nous n'exposons pas ici, par entrefilet, (suivant la formule du 3ᵉ genre, p. 93),
les motifs du crédit, parce que ces motifs se déduisent naturellement de ce qui suit.

Report . . . . | 315 | »

4ᵉ GENRE.

| 9. | Dépenses domestiques, | | |
| | Les dépenses de ménage du mois . . . . | 125 | 71 | 440 | 71 |

55 —————Du 19 décembre 1868. —————

	Doivent DIVERS à Divers,		
	Meilhard, à Périgueux, me remet :		
4.	Effets à recevoir,		
	Nᵒ 114, Billet Berthon, à Périgueux, à s/ ord/,		
	15 mars . . . . 985 f.		
	Nᵒ 115, s/ mand/, à m/ordr/, s/ Réal,	1720	»
	à Limoges, 15 mars 735		
2.	Caisse,		
	Espèces	3618	75
5.	Escomptes et rabais,		
	Escompte 2 1/2 p. % sur f. 3711,55 payés		
	en espèces	92	80
	TOTAL	5431	55

En paiement de ce qui suit :

7.	A marchandises de Villiers,		
	30 p. rouennerie de Villiers, ens. 1500ᵐ, à f. 1,40, 2100		
	20 p. id. id. —1000ᵐ, —1,90, 1900		
	Ensemble 4.000		
	Escompte 4 1/2 p. % 180	3820	»
3.	A Etoffes et Nouveautés,		
	25 p. de toile de Clermont, ens. 1875ᵐ, à f. 0,90, 1687.50		
	Escompte 4 1/2 p. % 75.95	1611	55	5431	55

MODÈLE DU GRAND LIVRE.

F° 1. *DOIT*   Capital :

    Capital,   *AVOIR :* F° 1.

1868. Novemb.	2	Par Caisse, m/ versement à la Caisse...............	1	2	16.000 »
	3	» Milhac, le reliquat de son compte...........	1	0	1.587 »

F° 2. *DOIT*   Caisse :

1868. Novemb.	2	A Capital, m/ versement........................	1	1	16.000 »
Décemb.	19	» Divers, prix de diverses marchandises........	2	»	3.618 75

    Caisse,   *AVOIR :* F° 2.

1868. Novemb.	3	Par Milhac, m/ remise en espèces...............	1	0	9.000 »
	30	» Divers, frais et dépenses....................	1	»	440 71

F° 3. *DOIVENT*   Etoffes

    et Nouveautés,   *AVOIR :* F° 3.

1868. Décemb.	19	Par Divers, 25 p. de toile....................	2	»	1.611 55

F° 4. *DOIVENT*   Effets

1868. Décemb.	19	A Divers, nos 114 et 115................ ...	2	»	1.720 »

    a Recevoir,   *AVOIR :* F° 4.

F° 5. *DOIVENT*   Escomptes

1868. Décemb.	19	A Divers, escompte....................	2	»	92 80

    et Rabais,   *AVOIR :* F° 5.

Fo 6. DOIT   MILHAC, *banquier*

1868. Novemb.	3	A *Divers*, diverses sommes................	1	»	10.587	»

Fo 7. DOIVENT   MARCHANDISES

Fo 8. DOIVENT   FRAIS

1868. Novemb.	30	A Caisse, divers frais......................	1	2	315	»

Fo 9. DOIVENT   DÉPENSES

1868 Novemb.	30	A Caisse, dépenses du mois................	1	2	125	71

à Limoges,   AVOIR: Fo 6.

DE VILLIERS,   AVOIR: Fo 7.

1868. Décemb.	19	Par Divers, 50 p. rouennerie	2	»	3.820	»

GÉNÉRAUX,   AVOIR: Fo 8.

DOMESTIQUES,   AVOIR: Fo 9.

NOTA. — Il n'y a au *Grand livre* qu'un folio par deux pages, lors même que ces deux pages contiennent plusieurs comptes, et si nous affectons un folio particulier à tous les comptes de ce modèle, c'est uniquement parce que nous supposons, pour l'intelligence des écritures, que chaque compte, qui y figure, y occupe un feuillet, et que, par conséquent, ce spécimen contient dix-huit pages.

RÉPERTOIRE DU GRAND LIVRE

C

Caisse. . , ...   2

Capital   1

D

Dépenses domestiques . . . . . . , . .   9

E

Effets à recevoir.   4

Escomptes et Rabais   5

Etoffes et Nouveautés   3

F

Frais généraux   8

M

Marchandises de Villiers   7

Milhac (Limoges)   6

FIN DE LA PARTIE DE L'ÉLÈVE.

TABLE DES MATIÈRES

Règle de percentage ou de tant pour cent . . . . Page 1
Escompte de la Banque 3
De l'Intérêt. 3
Intérêt en dehors 3
De l'Intérêt en dedans, ou rationnel. 5
Du Bordereau d'escompte. 6
Formule d'un compte de retour 7
Certificat de change 8
Formule d'une Retraite 8
De la Lettre de change 9
Du Mandat 9
Du Billet à Ordre 9
De l'Endossement 10
Du Billet Ordinaire, ou simple Promesse 10
Formule d'une Quittance. 10
Formule de l'ouverture de Crédit 11
De la Facture 11
De la Lettre de Voiture 12
De la Responsabilité du voiturier 13
Du cas de refus des Objets expédiés 14
Du Brouillard 15
De l'Inventaire. 40
Du transport de l'inventaire au Livre des Inventaires. . . . 44
Des Livres auxiliaires 45
Des Livres auxiliaires ordinaires 46
Du Livre d'Achats 48
Du Livre de Ventes 48
Du Livre de Commissions 49
1re Formule du livre de magasin 49
2me Formule . . id. 50
3me Formule . . id. 50
Du Livre de Caisse 52
Du Livre d'Enregistrement des Effets à Recevoir. 52
Du Livre d'Enregistrement des Effets à Payer 54
Du Carnet d'Echéances des Effets à Recevoir. 54
Du Carnet d'Echéances des Effets à Payer. 55
Du Livre de Rente ou de Paye 55
Du Livre d'Expéditions 56
Du Livre des Balances ou Soldes 57
Modèle du Livre des Comptes courants 57

DES COMPTES.

Débit, Crédit, Balance, Soldes 58
Débiter, Créditer, Balancer ou Solder un Compte. 59
Des Comptes courants. 59

DES MÉTHODES DE COMPTES COURANTS.

Du calcul des Intérêts dans le règlement des comptes courants. 60
Manière de compter les jours d'une date à une autre. 61
Méthode des parties aliquotes 61
Méthode des nombres ou des diviseurs. 61

SYSTÈME FRANÇAIS.

Méthode nouvelle, indirecte, rétrograde, ou de la Banque 62
Manière de calculer les intérêts par la Méthode de la Banque 64
De la Méthode ancienne ou directe 66
Du cas où le taux de l'Intérêt n'est pas le même pour les deux ayants-
    compte. 67
Comptabilité.— Tenue des Livres 70
Des méthodes de Tenue de Livres 71
De la Tenue des Livres en partie simple et en partie mixte 71
De la Tenue des Livres en partie double 72
Principes de Tenue des Livres 74
Des différentes sortes de Comptes 75
Des comptes particuliers. 76
Des comptes généraux 76
Des principaux comptes généraux. 77
Des comptes personnels du chef de Maison 79

DES VALEURS QUI FIGURENT AU DÉBIT ET AU CRÉDIT DES COMPTES, OU DESTINATION DU DOIT ET DE L'AVOIR DE CHAQUE COMPTE.

Comptes des Tiers. 80
Comptes du Patron ou Chef de la Maison 80
Comptes généraux proprement dits 82
De l'Actif et du Passif d'une Maison 84
Des Livres principaux. 85
Du Brouillard 86
Du Journal et du Livre des Inventaires 86
Du Grand Livre 87
Du Livre copie de lettres, ou livre de correspondance 88
De la pagination, du paraphe et du visa des livres 88

DU TRANSPORT DES ARTICLES DU BROUILLARD AU JOURNAL.

Nécessité d'écrire au Journal tout ce qui fait l'objet du commerce . . 20
De la tenue du Journal et de celle du Livre des inventaires. . . . 91
Des différents genres d'articles qu'on peut avoir à inscrire au journal et
    au livre des inventaires. 92
Analyse des articles du Brouillard à transporter au Journal . . . 94
Journal 100
Modèle du Grand-Livre 102
Répertoire du Grand-Livre 106

FIN DE LA TABLE.

MOULINS. — IMP. FUDEZ FRÈRES.